Meno Burg · Geschichte meines Dienstlebens

Erinnerungen eines jüdischen Majors der preußischen Armee

Jüdische Memoiren
Herausgegeben von Hermann Simon
Band 1

Geschichte meines Dienstlebens

Meno Burg

Königl. Preuß. Major der Artillerie und Lehrer
an der vereinigten Artillerie- und Ingenieurschule,
Ritter usw.

Mit einem Geleitwort von
Ludwig Geiger

Vorwort von
Hermann Simon

HENTRICH & HENTRICH
Teetz 1998

Umschlag:
Karl Albrecht, nach einem Gemälde, das als Schwarzweißfoto der Originalausgabe und dem Neudruck beigegeben ist.
Einband:
Christian Raebel

Satz und Druck:
Druckhaus Hentrich Media GmbH, Berlin
Lithos:
Reprowerkstatt Rink, Berlin
Buchbinder:
Buchbinderei Heinz Stein, Berlin

Mit 18 Abbildungen
Erweiterter Neudruck der Ausgabe von 1916,
ursprünglich 1854 erschienen

ISBN 3-933471-00-1
1. Auflage 1998
Printed in Germany

Inhaltsverzeichnis.

Vorwort zum Nachdruck der Erinnerungen von Meno Burg

(7. Cheschwan 5549 - 22. Aw 5613 = 7. November 1788 - 26. August 1853)[1]

Wer die ständige Ausstellung des Centrum Judaicum in den wiederhergestellten Räumen der Neuen Synagoge in der Oranienburger Straße 30 besucht, kann in einer Vitrine einen Leuchter sowie das Fragment eines Leuchters mit folgender Inschrift betrachten: »Von Frau Johanna Bendix geb. Burg zum Andenken ihres verstorbenen Bruders des Königl. Majors der Artillerie etc. und Vorstehers Herrn M. Burg dem Baruch Auerbach'schen Waisenhause geweihet Berlin am 30sten September 1853.«[2] Diese Leuchter gehören zu dem wenigen, was von dieser von Baruch Auerbach (1793-1868) am 30. April 1833 in der Rosenstraße 12 eröffneten Waisen-Erziehungsanstalt geblieben ist. Zur Zeit ihrer gewaltsamen Schließung im November 1942 hatte die Institution in der Schönhauser Allee 162 ihren Sitz.[3]

An wen nun erinnern diese Leuchter?

Preußisch kurz und knapp ist der Artikel, den Jacob Jacobson, der Leiter des Gesamtarchivs der deutschen Juden, über Leben und Werk Meno Burgs für das Jüdische Lexikon verfaßt hat. Unerachtet der Knappheit werden die Ausführungen dennoch der Bedeutung des jüdischen Offiziers gerecht:

»Preuß[ischer] Offizier, geb. 1787[4] zu Berlin, gest. daselbst 1853. Vetter des ersten-preuß[ischen]-j[üdischen] Regierungsbeamten, des Bauinspektors Salomon Sachs, wurde er 1807 Feldmesser; 1813 bei der preuß. Garde als J[ude] abgewiesen, trat er bei der Artillerie ein und wurde, vom Prinzen August von Preußen begünstigt, Offizier. Fast ununterbrochen war er als Lehrer an der Artillerie-Ingenieurschule in Berlin tätig und gab als solcher mehrere artillerietechnische Werke heraus. B[urg], stadtbekannt als ›Judenmajor‹, war ein gläubiger und charakterfester Jude. Von 1840 ab[5] war er auch Mitglied des Vorstandes der Berliner Jüd[ischen] Gemeinde.«[6]

Nicht nur im Zusammenhang mit unserem Leuchter wäre es wichtig zu ergänzen, daß sich Meno Burg außerordentlich für die von Baruch Auerbach gegründeten Waisen-Erziehungsanstalten für jüdische Knaben und Mädchen engagiert hat, wohl auch weil ihm eigene Kinder aus der kurzen Ehe mit Julie Riess, die nicht einmal dreißig Jahre alt geworden ist, versagt geblieben sind.[7]

Als sich der Vorstand dieser Anstalten beim Königlichen Stadtgericht am 6. April 1853 traf, um für ein für 36.000 Taler am 30. November des Vorjahres erworbenes Grundstück in der Oranienburger Straße 38 den Besitztitel eintragen zu lassen, gehörte diesem Gremium auch der »Königliche Major Meno Burg« an.[8]

Wie die Adreßbücher jener Jahre ausweisen, wohnte Meno Burg nicht weit von dem am 1. April 1853 in Besitz genommenen neuen Domizil, nämlich im Hause Oranienburger Straße 34.[9]

In seinem Artikel unterrichtet uns Jacobson auch davon, daß Burg eine Autobiographie unter dem Titel »Geschichte meines Dienstlebens« geschrieben hat, die ein Jahr nach seinem Tode, 1854, erschienen ist. Daß diese bedeutsamen Memoiren noch einmal im Jahre 1916 ediert worden sind, und zwar von keinem Geringeren als Ludwig Geiger, jenem Literarhistoriker, dem wir das Standardwerk der Geschichte der Berliner Juden verdanken,[10] teilt uns der Verfasser des Artikels im Jüdischen Lexikon nicht mit.

Hingegen erwähnt Jacobson, daß fast ein Jahrzehnt vorher, nämlich 1907, Eugen Wolbe - auch von ihm stammt übrigens eine Geschichte der Berliner Juden -[11] ein Buch über den jüdischen, preußischen Offizier geschrieben hat. Als Motto dienten ihm Goethes Worte aus Iphigenie:

»Ein jeglicher muß seinen Helden wählen,
Dem er die Wege zum Olymp hinauf,
Sich nacharbeitet.«

Wolbe wollte seinen Leser, vornehmlich den jungen jüdischen Mann, ermutigen und ihm »zeigen, daß auch in unserm Vaterlande der Jude zu hohen ehrenvollen Ämtern gelangen kann, vorausgesetzt, daß er von vornherein bemüht ist, seine Pflicht in vollstem Maße zu erfüllen; daß er sich bestrebt, das Vertrauen und die Liebe seiner Vorgesetzten zu erwerben; daß er dabei vor allem *Gott im Herzen* und seine Stellung und sein Ziel vor Augen hat . . .«[12]

Wolbe äußert für die Zukunft die Hoffnung, »daß das Vorurteil gegen die Gemeinschaft Israels schwindet und daß endlich die herrliche Zeit anbricht, wo Juden und Christen in brüderlichem Verein nur das *eine* Ziel erstreben: Das Wohl und Heil des deutschen Vaterlandes.«[13]

Heutzutage wirken diese Worte des Lehrers Eugen Wolbe eher befremdlich; dies ist aber eben die Sicht nach neunzig

Jahren, wissend, was in diesem grausamen Jahrhundert kurz nach Wolbes Tod - er starb 65jährig am 22. September 1938 - geschah.

Sein eben zitiertes Büchlein, das sich stark an Burgs Autobiographie anlehnt, ist heute schwer zu finden. Ein Exemplar hat sich in der Bibliothek der Berliner Jüdischen Gemeinde erhalten. Es weist eine Widmung vom Juli 1908 auf; die Unterschrift des Donators ist leider nicht eindeutig zu lesen. Der mit diesem Buch »zur Erinnerung an die Ferien in Elmen«[14] Beschenkte hieß Siegbert Jeremias. Sollte es sich dabei um einen Berliner handeln - der Name ist relativ selten - so könnte dies Siegbert Paul Jeremias gewesen sein (geboren 3.8.1895), über dessen Schicksal nichts bekannt ist. Zur Zeit der Schenkung wäre er dann etwa 13 Jahre alt gewesen, und es ist durchaus möglich, daß ein Junge in diesem Alter das Buch geschenkt bekommen hat. In dieses Buch hat er oder ein anderer Bucheigner ein Efeublatt geklebt und daneben geschrieben: »Vom Grabe des Major Burg Berlin«, ein Beweis der Popularität, die Meno Burg genoß, der die Bezeichnung »Judenmajor« stets als Auszeichnung betrachtete. (Abb. P)

Fünfzig Jahre nach seinem Tod erinnerte die Berliner Jüdische Gemeinde an ihr prominentes Mitglied, das zeitweilig auch dem Gemeindevorstand angehört hat.[15] Seine Tätigkeit in diesem Gremium scheint kaum Spuren hinterlassen zu haben. Dies hängt auch damit zusammen, daß das Archiv der Berliner Jüdischen Gemeinde als verloren gelten muß. Auch über Burgs sonstiges Engagement für jüdische Belange gibt es wenig Zeugnisse. Zufällig fand ich »Herr Burg, Hauptmann« in einer Spenderliste, die dem Bericht der Armenkommission der Berliner Jüdischen Gemeinde über das Jahr 1841 beigegeben ist.[16]

Burg erlag der Versuchung der Taufe nicht, wie uns Jacobson 1962 mitteilt. »Im Jahre 1824 hatte er seine Taufe beantragt, aber am 16. November desselben Jahres ... ›Familienverhältnisse wegen‹ wieder aufgeschoben. Die Taufe wurde niemals vollzogen.«[17] Der Judenmajor blieb Zeit seines Lebens ein bewußter Jude, dessen sich die Jüdische Gemeinde stets mit einem gewissen Stolz erinnerte. So schrieb z. B. die Allgemeine Zeitung des Judentums im August 1903: »Die fünfzigste Wiederkehr des Tages (26. August 1853), an dem Meno Burg als eines der ersten Opfer der Cholera ... das Zeitliche segnete, ruft uns die heute beinah unglaublich klingende Tatsache ins Bewußtsein, daß es in Preußen einmal einen jüdischen ... Major gegeben hat. Meno Burg war nicht bloß Jude dem Namen nach, sondern mit Leib und Seele. Stets hatte er für jüdische Interessen Zeit übrig ...«[18]

In dem genannten Beitrag wird auch berichtet, daß Rabbiner Samuel Holdheim (1806–1860) bei der Beerdigung die Grabrede gehalten habe. Immanuel Sachs, Sohn des Rabbiners Michael Sachs (1808–1864), berichtigte umgehend in einem Leserbrief an die Redaktion der Allgemeinen Zeitung, »daß nicht Dr. Holdheim, sondern mein sel. Vater die Grabrede gehalten, in der er besonders betonte, daß Burg ›treu seinem Gotte und darum treu seinem Könige‹ gewesen sei. Burg war meinem Vater eng befreundet ...«[19] Sachs teilt uns weiter in dem Leserbrief folgende rührende Geschichte mit: »Burg war ein eifriger Besucher der alten Synagoge, streng konservativ in seiner Gesinnung und legte Wert darauf, sich in voller Uniform an Sabbat- und Feiertagen in der Heidereutergasse aufrufen zu lassen.«

60.000 Menschen sollen sich auf dem Friedhof der Jüdischen Gemeinde in der Schönhauser Allee zur Beerdigung

Burgs versammelt haben. Sie fand am Nachmittag des 29. August um 16.30 Uhr, »und zwar vom Sterbehause, Oranienburger Str. 34 aus, statt«, wie die Vossische Zeitung einen Tag zuvor angekündigt hatte.

Seine Erinnerungen hatte Burg kurz vor seinem Tode fertigstellen können.

Daß Ludwig Geiger sie gerade 1916, mitten im Kriege, noch einmal herausgab und der Band in diesem Jahr mehrfach erschien, ist gewiß kein Zufall. Geiger wollte zeigen, daß sich Vaterlandsliebe und gesetzestreues Judentum durchaus miteinander vereinbaren lassen. So nimmt es nicht wunder, wenn es in einer Rezension der Geigerschen Edition heißt: »Das Buch bietet eine anregende Lektüre für jung und alt. Wir möchten ganz besonders empfehlen, dafür Sorge zu tragen, daß es den öffentlichen Bibliotheken einverleibt und unter unseren Feldgrauen, ob Christen oder Juden, verbreitet wird. Es wird bei den andersgläubigen Kameraden und Mitbürgern manches Vorurteil zerstreuen helfen, es wird unsere eigenen Glaubensgenossen in der hingebenden Liebe zum Vaterlande und zur angestammten Religion bestärken.«[20]

Burgs Grab hat sich auf dem Jüdischen Friedhof in der Schönhauser Allee im Berliner Bezirk Prenzlauer Berg erhalten. Wenn man den Grabstein von beiden Seiten betrachtet, so sieht man auf der Rückseite eine deutsche Inschrift mit hebräischen Buchstaben. In dieser Inschrift lautet der Vorname des Autobiographen Menke. Im Rahmen der jüdischen Intimkultur wurde Meno Burg also Menke genannt, und zwar nach seinem verstorbenen Großvater väterlicherseits, der die Namen Menachem Menke (aus Burg) führte. Das Kind erhielt den *hebräischen* Vornamen Menachem, der im Zusammenhang mit dem jüdischen Kultus von Bedeutung ist, und – wie damals üblich – einen an diesen Namen anklingenden *deutschen* Vornamen, der im profanen Bereich verwendet wurde. *Menke* ist eine der zahlreichen Verkleinerungsformen von *Mann* und bedeutet dasselbe wie z. B. *Männeken, Männchen, Männlein* oder *Mendel,* d. h.: »ein kleiner Mann«. Vermutlich bei der Annahme fester Familiennamen im Zusammenhang mit der Emanzipation haben die Nachkommen des Menachem Menke den Familiennamen Burg angenommen, und aus Menke wurde Meno, eine latinisierte Form des griechischen Namen Menon.

Unter dem Namen Meno Burg ist der Autobiograph zu Popularität gelangt, auch über die eigene Gemeinschaft hinaus.

Dem Verlag Hentrich und Hentrich bin ich dafür dankbar, daß er seine Reihe *Jüdische Memoiren* mit dem Reprint der Erinnerungen von Meno Burg beginnt und ihm so erneut ein Denkmal setzt.

Hermann Simon, 1998

Anmerkungen

1 Die Angaben über das Geburtsdatum sind in der Literatur unterschiedlich. Auf dem Grabstein steht 19. Tischri 5550 = 9. Oktober 1789. Aus der Akte *Geburtsregister 1778–1811, Leo Baeck Institute New York, Sammlung Jacob Jacobson I 50* ist zu entnehmen: 7. November 1788 sowie die hebräische Entsprechung 7. Cheschwan 5549. Wir folgen der

urkundlichen Überlieferung. Ich danke meinem Kollegen Frank Mecklenburg vom Leo Baeck Institute dafür, daß er die entsprechende Seite aus dem Register herausgesucht hat. (Abb. Grabsteine N und O)

2 Hermann Simon (Hg.), Katalog *Erbe und Auftrag,* Ausstellung der Stiftung »Neue Synagoge Berlin - Centrum Judaicum« und Museumspädagogischer Dienst, Berlin 1996, S. 60 (Beschreibung der Stücke von Chana C. Schütz)

3 Der Name der Anstalten für Knaben und Mädchen (seit 1887 vereinigt) wechselte. Genaue Aufstellung in: Katalog und Archiv des Leo Baeck Institute New York, Tübingen 1970, A 452

4 Vgl. Anm. 1

5 Nach Rieger war Burg lediglich in den Jahren 1849/50 Mitglied des Gemeindevorstandes. Dieser Widerspruch läßt sich für mich nicht aufklären. Vgl. Renatus F. Rieger, Major Meno Burg (1789-1853). Der einzige preußische Stabsoffizier jüdischen Glaubens im 19. Jahrhundert, in: Ausstellungskatalog Deutsche Jüdische Soldaten, edd. Militärgeschichtliches Forschungsamt Potsdam in Zusammenarbeit mit dem Moses Mendelssohn Zentrum Potsdam und dem Centrum Judaicum Berlin, Hamburg - Berlin - Bonn 1996, S. 132

6 Jüdisches Lexikon. Ein enzyklopädisches Handbuch des jüdischen Wissens in vier Bänden, Band 1, Berlin 1927, Spalte 1242

7 Julie (Jente) Burg, geb. Riess, 27. Mai 1802 - 23. Juni 1831; Eheschließung 11. September 1825

8 Laurenz Demps, Die Oranienburger Straße - Von der kurfürstlichen Meierei zum modernen Stadtraum, Berlin 1998, S. 107

9 z. B. Allgemeiner Wohnungsanzeiger für Berlin, Charlottenburg und Umgebung auf das Jahr 1851, II. enthaltend den Nachweis eines jeden einzelnen Hauses mit namentlicher Angabe der Bewohner in alphabetischer Ordnung der Straßen und nach den laufenden Hausnummern geordnet, S. 119

10 Ludwig Geiger, Geschichte der Juden in Berlin, Festschrift zur zweiten Säkular-Feier, Berlin 1871 (Reprint mit einem Vorwort von Hermann Simon, Leipzig 1988)

11 Eugen Wolbe, Geschichte der Juden in Berlin und in der Mark Brandenburg, Berlin 1937

12 Eugen Wolbe, Major Burg. Lebensbild eines jüdischen Offiziers. Für Jung und Alt bearbeitet, Berlin 1907, S. 99

13 Ebenda, S. 100

14 Vermutlich ist der bei Calbe/Saale gelegene Ort Bad Elmen gemeint

15 Zu den Gründen des Ausscheidens vgl. Renatus F. Rieger, a. a. O.

16 »Namentliches Verzeichniß derjenigen Mitglieder hiesiger jüdischen Gemeinde, welche im Laufe der Jahre 1840 und 41 freiwillige Beiträge zur Casse der Armen-Commission gezeichnet und eingezahlt haben«, Stiftung »Neue Synagoge Berlin - Centrum Judaicum«, Archiv (CJA) 1 (Gesamtarchiv der deutschen Juden), Be 2 Nr. 54, Bl. 47

17 Jacob Jacobson, The Road to Conversion, Leo Baeck Institute Year Book VII, London 1962, S. 333

18 Der Gemeindebote, Beilage zur Allgemeinen Zeitung des Judentums (67. Jahrgang), 28. August 1903

19 Allgemeine Zeitung des Judentums 67. Jahrgang 1903, S. 444

20 M. Steinhardt, Israelitisches Familienblatt Hamburg 30. 3. 1916

Geleitwort.

Es war ein sehr glücklicher Gedanke des Verlegers, die vorliegende Schrift des Majors Burg ihrem Wortlaut nach unverändert und ohne gelehrten Apparat herauszugeben. Vor dem Kriege konnte man häufig den Satz hören: Wir leben in einer Zeit der Neudrucke. Wirklich wurde vielerlei neu aufgelegt, was im Laufe der Zeiten in Vergessenheit geraten war. Bei solchen Ausgrabungen bevorzugte man entweder wirkliche Kostbarkeiten der Literatur, die am liebsten in dem Gewande ihrer Zeit auch in alter Orthographie wiederhergestellt wurden, oder Kuriositäten, wie in neuester Zeit die Memoiren eines Hallenser Barbiers, die nicht durch die Ehrwürdigkeit der Person oder durch interessante Streiflichter auf die Vergangenheit, sondern durch die seltsamen Abenteuer des Berichterstatters zu befriedigen geeignet waren.

Einer ganz anderen Art gehört unser Werk an, das hier getreu in seiner alten Fassung, aber in moderner Rechtschreibung erscheint. Die letztere ist gewählt, um namentlich Schülern von Volksschulen die Lektüre zu erleichtern.

Unser Werk ist kein Buch seltsamer Abenteuer und noch viel weniger eine Sammlung nervenreizender Erzählungen oder Schwänke. Es darf wohl auch nicht als kostbares literarisches Juwel in Anspruch genommen werden; aber es verdient eine Wiederbelebung wegen der Schlichtheit des Ausdruckes, wegen der Bravheit der Gesinnung, wegen seiner kulturgeschichtlichen Merkwürdigkeit und wegen des Beispiels, das es der heranwachsenden Jugend der gegenwärtigen und künftigen Generation gibt.

Wegen der Schlichtheit des Ausdruckes. Der Verfasser will nicht durch künstliche Wendungen überraschen, nicht durch glänzenden Stil die Aufmerksamkeit auf sich lenken, er erzählt vielmehr ruhig und einfach, ohne damit der Lebendigkeit Abbruch zu tun, und erfreut gerade durch seine Einfachheit und Gegenständlichkeit.

Wegen der Bravheit der Gesinnung. Meno Burg ist ein guter Sohn, ein trefflicher Bürger, ein eifriger Pfleger der Wissenschaft, ein treues Mitglied seiner Glaubensgemeinschaft. Alles was er tut, ist selbstverständliche Übung der Pflicht, er wird nicht geleitet durch Streben nach Ruhm, nicht durch Eitelkeit, nicht durch Sucht nach Glanz, sondern er lebt seinem Berufe: bieder, treu, der Sache ergeben, nie der Person. Es ist schon an und für sich ein großer Vorteil, einen solch einfachen, braven Menschen dem Gedächtnis der Lebenden vorzuführen.

Aber das Höchste und Bedeutendste in unserem Werke ist doch das kulturhistorische Element und das Beispiel, das der Verfasser unserer Selbstbiographie für Gegenwart und Zukunft gewährt.

Darauf soll gleich eingegangen werden. Zuvor mögen aber einige Notizen zur Ergänzung der von Burg herrührenden Darstellung hier stehen.

Meno Burg war am 9. Oktober 1790 zu Berlin geboren. (Dieses Datum entnehme ich dem Werke »Gelehrtes Berlin« im Jahre 1825, Berlin 1826, Seite 41. Da die in diesem Buche zusammengestellten Angaben von dem Gelehrten selbst herrühren, so ist unser Datum dem in den biographischen Handbüchern, z. B. der Allgemeinen deutschen Biographie Band 3, Seite 590 stehenden: 9. Oktober 1789, entschieden vorzuziehen.)* Burg besuchte bis zum 10. Jahre die jüdische Elementarschule, dann das Gymnasium zum Grauen Kloster, endlich die Bauakademie, machte 1807 das Kondukteur- und Feldmesserexamen und meldete sich kurz vor seinem zweiten Examen als Freiwilliger, nachdem der Aufruf des Königs von Preußen »An mein Volk« erfolgt war. Er blieb bei der Armee, hat allerdings niemals, oder nur während einer kurzen Vorbereitungszeit, dem aktiven Soldatenstande angehört, sondern wurde schon im Jahre 1818 zum Lehrer der Mathematik ernannt und hat nach kurzem Dienste in Danzig ausschließlich an der Artillerie- und Ingenieurschule in Berlin gewirkt. Bereits im Jahre 1815 wurde er Sekondeleutnant und erlangte trotz mancher Schwierigkeiten, die er seines Glaubens wegen zu bestehen hatte, nachdem er 1830 dem ausgesprochenen Wunsche des Königs, zum Christentum überzugehen, Widerstand geleistet hatte, fast in den üblichen Intervallen die höheren militärischen Ehrenstellen, wurde 1826 Oberleutnant, 1832 Hauptmann, schließlich 1847 Major und ist in dieser Stellung am 26. August 1853 gestorben. Er wurde von seinen Schülern geehrt und bewundert, von seinen Kameraden geachtet, von seinen Vorgesetzten geschätzt und wegen seiner Schriften, die in vielfachen Auflagen erschienen, auch in fremde Sprachen übersetzt wurden, mit manchen Preisen ausgezeichnet. Ferner erhielt er als Anerkennung für sein Wirken Auszeichnungen und Orden. (Dienstzeichenkreuz, Roten Adlerorden, Goldene Medaille für Kunst und Wissenschaft.) Außer den vielen kleineren Arbeiten, die er veröffentlichte, muß als sein Hauptwerk das folgende erwähnt werden: »Die geometrische Zeichnenkunst, oder vollstän-

* Vgl. Vorwort, Anmerkung 1

dige Anweisung zum Linearzeichnen, zum Tuschen und zur Konstruktion der Schatten; für Artilleristen, Ingenieure, Baubeflissene, und überhaupt für Künstler und Technologen.« Drei Teile, und zwar: 1. Teil: die allgemeine geometrische Zeichenlehre, mit 11 Kupfertafeln in Aquatinta; 2. Teil: das Zeichnen und Aufnehmen der Artilleriegegenstände, mit 12 Kupfertafeln in Aquatinta; 3. Teil: Anwendung des 1. Teiles auf das architektonische Zeichnen, 1822 ff.

Man versuche es, sich in die Jugendzeit unseres Helden und in das damalige Berlin zu versetzen, um eine richtige Vorstellung seines Bildungsganges zu erlangen. Zwei Strömungen machten sich damals bemerkbar. Die eine könnte man als die Taufepidemie bezeichnen, die andere ist die Romantik. Sie stehen nicht bloß in äußeren Beziehungen, sondern auch in einem gewissen inneren Zusammenhang. Denn die Romantik, von der gleich zu reden sein wird, stärkte das Christentum und überschwemmte die Welt mit mystischen Vorstellungen und Neigungen. Der Romantik ergaben sich die jüdischen Jünglinge und Jungfrauen jener Zeit. Denn es ist merkwürdig genug, daß, während Lessings Sinn und Geist bei den Männern der älteren Generation, die mit dem kühnen, unerschrockenen Wahrheitssucher noch persönlich verbunden gewesen waren oder einen Hauch seines Geistes in sich aufgenommen hatten, auch Jahrzehnte nach des großen Mannes Tod fortlebten, die Vertreter der jüngeren Generation sich in Goetheschwärmer und Romantiker teilten. Sich teilten und doch wieder zusammentrafen. Denn wenn Goethe auch gelegentlich gesagt hat: »Klassisch ist das Gesunde, romantisch das Kranke«, wenn er auch in den Xenien und in einzelnen vertrauten brieflichen Äußerungen heftig gegen die Führer der Romantik, z. B. gegen die Brüder Schlegel, aufgetreten war, so hatte er doch mit der Romantik mehr innere Beziehungen, als er selbst zugestehen wollte. Und das junge Geschlecht in Berlin und anderwärts, das sich an »Wilhelm Meister« berauschte, sah in den erzählenden Werken der Romantiker schwache Abbilder dieses Romans und glaubte die Verehrung für die Griechen als gemeinsames Eigentum Goethes und der jungen Schar zu erkennen, während es doch bei dieser letzteren mehr eine Verehrung der schönen Form, bei dem Altmeister in höherem Grade eine Neigung für den klassischen Geist des Altertums war.

Die also romantisch Angehauchten wurden nun von selbst zum Christentum geführt. Bei vielen war es wahrhafte Neigung. Dem Höhergebildeten sagte der nüchterne jüdische Gottesdienst nicht zu, dem sie aus Unkenntnis der hebräischen Sprache gar nicht oder nicht genügend zu folgen vermochten, denn der damalige Kultus kannte weder Orgel noch deutsche Predigt, noch deutsche Gesänge. Dem im Geist Schwelgenden wollte der bloße Formelkram, das stark ausgeprägte Zeremonialwesen nicht behagen - bestand doch das Judentum nach Mendelssohns Ausspruch nur in Gesetzen, nicht in Glaubenslehren. Sie verlangten wie im Leben, so in der Kirche die Befriedigung des Gefühls, das Herz sollte erregt werden, und wenn sie vielleicht, wie so viele Romantiker, mehr dem Katholizismus mit seinem Weihrauch, seinem Heiligenkultus, seinem Pomp und seiner brünstigen Marienverehrung sich zuneigten, als dem nüchternen Protestantismus, so gaben ihrer Phantasie christliche Vorstellungen: die lieblichen Märchen von Christus und Maria, die mystischen Ahnungen von der Jungfräulichkeit der Gottesmutter und der Gottessohnschaft Nahrung und Befriedigung.

Man kann sich wohl vorstellen, daß so manche schwach genug waren, den väterlichen Glauben zu verlassen. Aber der Entschluß dazu wurde ihnen schwer. Denn besaßen sie auch wenig Pietät für ihre Religion, so lebte in ihnen doch ein starker Familiensinn, und wir wissen aus bekannten Briefen und Romanen jener Zeit, wie die Furcht vor dem väterlichen Zorn und den mütterlichen Tränen einzelne Jünglinge, die die Gunst einer blonden germanischen Jungfrau nur erwerben konnten, wenn sie die Taufe empfingen, und manche Jungfrauen, die sich von der glitzernden Uniform eines adligen Offiziers oder einem hell tönenden Titel bestricken ließen und kein höheres Streben kannten, als deren Trägern zum Traualtar zu folgen, von dem entscheidenden Schritte zurückhielten, oder Schmerz und Trauer in ihrem Gemüte bereitete. Erleichtert wurde vielen dieser schwere, verhängnisvolle Schritt durch die geistige Kluft, die zwischen der älteren und jüngeren Generation unüberbrückbar gähnte. Denn nur verhältnismäßig wenige unter den älteren waren lessingisch gebildet, viele, namentlich die schnell reich gewordenen Lieferanten, die aus der Provinz nach Berlin zusammengeströmten Händler waren ungebildet und boten, gerade weil sie die moderne Erziehung ihrer Kinder mit reichen Mitteln befördert hatten, einen unliebsamen Gegensatz zu den Vertretern des jüngeren Geschlechts.

Gerade durch das romantische Denken, das wie ein schleichendes Gift sich in die Jugend eingenistet hatte, wurde ein bedauerlicher Irrtum in die Gemüter der Jugend gepflanzt. Sie meinten, daß Bildung allein ihnen die Tore zum Deutschtum öffnete. Deutsch zu sein, aufzugehen in die deutsche Bildung, schien der strebenden Jugend nur möglich durch Annahme des Christentums.

Und so entwickelte sich in Berlin gerade in den Jahrzehnten, da Meno Burg zum Jüngling erwuchs, eine förmliche Taufepidemie. In den reichen und in den minder bemittelten Familien, von den Nachkommen Mendelssohns an bis zu den Kindern bildungsloser und armer Krämer gab es wenige, die nicht Übergetretene in ihrer Mitte hatten. Man muß nicht glauben, daß Unsittlichkeit und Stellenjägerei die einzigen oder auch nur die Hauptmotive zu dieser Fahnenflucht abgaben: Es war im wesentlichen der romantische Sinn, das Bildungsstreben, die Deutschtümelei.

Und gerade darum ist Meno Burg eine so verehrungswürdige Persönlichkeit. Er sah das Treiben um sich und fühlte vielleicht auch den Widerstand in sich. Auch er hatte die tiefe Sehnsucht nach reicher Erkenntnis und wissenschaftlicher Ausbildung, auch er war erfüllt von dem Verlangen, ein Deutscher zu werden, und doch blieb er Jude. Das war bei ihm der Segen des jüdischen Hauses, das Erbe einer Familie, die eng mit jüdischen Traditionen verknüpft war und die doch schon in früher Zeit angefangen hatte, die alten Überlieferungen zu verknüpfen mit Zugeständnissen an die Neuzeit in Lebensführung und Weltanschauung. Von seinem Leben im einzelnen mag Burg selbst erzählen. Er wurde - in nicht allzu raschem Aufstieg - denn einigermaßen wurde er doch durch sein Glaubensbekenntnis gehindert - Major und ist bis auf den heutigen Tag der einzige jüdische aktive Major im preußischen Heer geblieben. Das ist eine erfreuliche Tatsache, wenn man die Persönlichkeit kennt, eine betrübende, wenn man auf die Zustände sieht. Denn wie viele Juden hätten gern die aktive Militärlaufbahn ergriffen, wenn sie nicht gleich beim ersten Schritte gescheitert wären. Erfreulich bleibt es, daß ein einziger sich durchzusetzen vermochte und zu ebenso hohem Range aufstieg wie seine andersgläubigen Kameraden.

Nun hat man wohl gesagt: er wurde zwar Major, hat aber nie eine Schlacht mitgemacht und kaum den aktiven Dienst gekannt. Denn er mußte während des Krieges gegen seinen Willen in Spandau bleiben. Später war er, fast ohne Unterbrechung, Lehrer in Berlin.

Wenn es nun auch nicht zu leugnen ist, daß Burg zwar Major wurde, aber am eigentlichen Heeresdienst nicht teilnahm, so liegt die Schuld nicht an Major Burg. Er hatte oft genug den Wunsch ausgesprochen, zur aktiven Truppe versetzt zu werden. Aber entweder die Abneigung des Königs, einen Juden in das aktive Militär einzureihen, oder die Rücksicht auf die besonders große Begabung, die er als Lehrer zeigte, haben dazu beigetragen, daß sein Wunsch unerfüllt blieb.

Und auch ein Anderes. Man hat nämlich eingeworfen: nicht bloß durch seine Leistungen, so tüchtig sie auch waren, ist er im militärischen Grade hoch vorgerückt, sondern durch seinen Gönner, den Prinzen August, ist er zu hohen Ehren emporgestiegen. In Bezug auf diesen Einwurf ist nur soviel wahr, daß Burg wirklich in diesem Prinzen einen Protektor fand, der freilich seine Gunst nicht an einen Unwürdigen verschenkte.

Dieser Prinz August, Sohn des Prinzen Ferdinand von Preußen und einer Enkelin des Großen Kurfürsten (19. September 1779 bis 19. Juli 1843), wird von seinem Biographen als »ein Mann von schöner, reger Geisteskraft, ein ebenso kühner wie ausdauernder Soldat« geschildert. Er hatte sich in dem unglücklichen Feldzuge von 1806 außerordentlich bewährt, geriet zwar in Gefangenschaft, wurde aber bald darauf befreit und schon 1808 zum Befehlshaber der gesamten Artillerie befördert. In dieser Stellung hat er Ausgezeichnetes geleistet. Er beteiligte sich als kommandierender General der gesamten mobilen Artillerie an den Freiheitskriegen, zeichnete sich durch große Tapferkeit aus, trug, zum Generalleutnant befördert, zu den Siegen von Culm und Leipzig bei und wirkte auch in Frankreich hervorragend mit. In der langen Friedenszeit arbeitete er an einer vollkommenen Neugestaltung der Artillerie und entfaltete eine so unermüdliche Tätigkeit, daß sein Adjutant von ihm schrieb: »Unser Herr macht mit seiner nach allen Richtungen ausgedehnten Tätigkeit seine Umgebung beinahe tot.« Er war ein ungemein wohltätiger Mann und muß auch sonst ein vortrefflicher Mensch gewesen sein.

Burgs Leben war Arbeit und Dienst. Sein Leichenbegängnis gestaltete sich zu einer großartigen Feier. Über diese Feier gibt es einen Bericht des Prinzen Kraft zu Hohenlohe-Ingelfingen (1827–92), der später General der Infanterie wurde; damals 1853 war er Premierleutnant und besuchte die allgemeine Kriegsschule (jetzt Kriegsakademie). Der Bericht mag trotz seines leicht spöttischen Tones hier wörtlich folgen; zu bemerken ist nur, daß von »geheimen« Gebräuchen bei jüdischen Beerdigungen durchaus nichts bekannt ist und daß ein Gebot, wonach Christen von der Teilnahme bei jüdischen Beerdigungen ausgeschlossen sind, durchaus nicht existiert. Der Bericht, entnommen dem Werke »Aus meinem Leben«, Aufzeichnungen des Prinzen Kraft zu Hohenlohe-Ingelfingen I. Bd. 1897 (E. S. Mittler & Sohn, Königliche Hofbuchhandlung), S. 122–23, lautet folgendermaßen:

»In dieser Zeit starb auch der Major Burg, Zeichenlehrer an der Artillerieschule, ein Israelit seines Glaubens, an der Cholera. Sein Leichenbegängnis war hochinteressant, denn als aktiver Offizier mußte er mit militärischen Ehren begraben werden, die Judenschaft verlangte aber die Leiche zur Erfüllung von allerhand Förmlichkeiten, bei denen die Anwesenheit aller Nichtjuden ausgeschlossen war. Es steht dieser Fall wohl einzig in der Welt da, daß man sich nämlich um eine Choleraleiche gestritten hätte.

Endlich einigte man sich folgendermaßen: Wir brachten die Leiche mit militärischen Ehren aus dem Sterbehaus in das Leichenhaus auf dem Judenkirchhof, dort mußte am Sarge der Rabbiner in Gegenwart der Offiziere die Leichenrede halten. Hierauf ward die Leiche an die Judenschaft zur Erfüllung ihrer geheimen Gebräuche übergeben. Dann aber machte die Grablegung die größte Schwierigkeit. Die strenggläubigen Juden schließen hierbei alle Anwesenheit der Christen aus und tragen den Toten, Trab laufend, von Osten her an das Grab. Wir aber wollten und mußten die drei Salven geben, wenn die Leiche in die Gruft gesenkt und eingesegnet ward. Es wurde vereinbart, daß es uns überlassen bliebe, den richtigen Moment zu den drei Salven zu erspähen. Unser Kommandeur ermittelte auch einen Beobachtungspunkt, von dem aus der Judenkirchhof übersehen werden konnte, und ließ sich ein Zeichen geben.

Der jüdische Major war bei Juden und Christen allgemein beliebt gewesen. Daß er trotz seiner militärischen Laufbahn streng am orthodoxen Judentum festgehalten, daß er es trotz seines Judentums bis zum Major gebracht hatte, das machte ihn zu einer Berühmtheit in der ganzen Judenschaft. Unter uns Offizieren genoß er aber die allgemeine Liebe trotz seiner recht komischen Seiten, weil er sehr gutherzig, freundlich und nobel war. Es sammelte sich daher eine ungeheure Menge Leidtragender, die der Beisetzung beiwohnten. Alle Offiziere der Artillerie erschienen selbstredend. Außerdem fehlte aber fast kein in Berlin wohnender Jude, vornehmen oder geringen Standes, und diese Zahl ist nicht gering. Rechnet man die Zahl der Neugierigen hinzu, die durch solche Ansammlung von Menschen sonst noch herbeigeholt werden, so wird man die Angaben der Polizei nicht für übertrieben erachten, welche die versammelte Volksmenge auf 60 000 schätzte. (Berlin hatte damals etwa 400 000 Einwohner.) Am Kirchhof vor dem Schönhauser Tor standen die Massen dicht gedrängt. Nichts konnte sich vor- oder zurückbewegen. Mit Mühe war der Raum für den Leichenzug freigehalten. Mit der größten Schwierigkeit drängten sich die aus Reitern der Reitenden Artillerie bestehende Leichenparade zum Platze der Aufstellung und lud die Pistolen. Neugierig schielten viele Tausende von dunklen Augenpaaren über die stark gebogenen semitischen Nasen hinweg nach dem Gebaren der Reiter. Stundenlang dauerten die Förmlichkeiten, stundenlang hielten die hundert Reiter, stundenlang harrte die neugierige ungetaufte Menge.

Da erfolgte das Zeichen, erfolgte das Kommando: »Hoch schlagt an - Feuer!« - Jetzt erfolgte das Kommando: »Geladen!« Eine allgemeine Bewegung erfaßte die Volksmasse. Die Pferde wurden unruhig, stiegen und schlugen aus, und das Volk lief um so mehr. Die zweite Salve, durch die Unruhe der Pferde schon recht regellos, beflügelte die Schritte der zahlreichen Menschen, und die dritte Salve würde, selbst wenn sie gezielt und scharf geladen gewesen wäre, wohl keine Opfer mehr erreicht haben. Die Folge war, daß uns der Heimweg viel bequemer wurde als der Ausmarsch.«

Die folgende Notiz findet sich in der A. Z. d. J. VII, Nr. 38, vom 12. Sept. 1853.

»Berlin, 28. August. Die B. Z. berichtet: Soeben aus dem Seebade Putbus zurückgekehrt, wo er sich in der Begegnung mit seinem Könige dessen würdigender Gnade zu erfreuen hatte, ist der Major der Artillerie Meno Burg hier plötzlich verstorben. Er nimmt nicht nur die Achtung seiner Kameraden mit sich, sondern auch die der gelehrten Welt und die Verehrung fast der ganzen Stadt, die in ihm einen verdienten und liebenswürdigen Offizier und einen wackern Bürger schätzte. Er war der einzige jener Männer jüdischen Glaubens, die in dem Kampfe für die Befreiung des Vaterlandes zu Offizierstellen gelangt und in derselben verblieben sind. Nachdem er an den Feldzügen der preußischen Armee mit Auszeichnung teilgenommen hatte, widmete er während der Friedenszeit derselben seine Dienste hauptsächlich als Lehrer der Mathematik an militärischen Unterrichtsanstalten und wurde von dem verewigten Könige zum Major befördert. Besonders fühlbar wird sein Verlust der hiesigen jüdischen Gemeinde werden, welcher er viele Jahre als Vorstand angehörte.«*

Indem wir diese Zeilen schließen, steht das Bild des wackeren Mannes vor unserer Seele. Er war kein Held in offener Schlacht, aber ein Heros der Selbstentsagung, der Pflichterfüllung, ein treuer Diener seiner Religion. Man erzählt gern, wie er, der starke religiöse Neigungen hatte, an den hohen Feiertagen in vollem Festschmuck in der Synagoge erschien, nicht um das Lächeln der Befriedigung seiner auf ihn stolzen Glaubensgenossen einzukassieren,

---

* Vgl. Vorwort, Anmerkung 5

sondern, dem inneren Drange folgend, sich an diesen Tagen eins zu wissen mit den Seinen.

Gerade in dieser schweren Epoche, die wir durchleben, lohnt es sich, der heranwachsenden Jugend ein solches Vorbild vorzustellen. Unter den größten Schwierigkeiten ist dieser Mann ruhig und zielbewußt seinen Weg gegangen. Er hat seine Pflicht erkannt und diese Pflicht treu geübt. Er war ein deutscher Jude, der die innige Liebe zu seinem Vaterlande mit der Treue gegen seinen Glauben zu vereinigen wußte. Ein ganze Mann, auf den wir stolz hinblicken dürfen.

Ludwig Geiger, 1916

Einleitung.

Wenn ich einen schon vor längerer Zeit gefaßten Vorsatz, die *Geschichte meines Dienstlebens* niederzuschreiben, nun in Ausführung bringe, so muß ich meine freundlichen Leser vor allem darauf aufmerksam machen, daß sie in den folgenden Blättern keine Darstellung eines vielbewegten Kriegerlebens erwarten mögen. Ich habe zwar, wie der Verfolg zeigen wird, während der glorreichen Jahre 1813, 1814 und 1815 im preußischen Heere gedient, aber ich habe keine Gefechte, keine Schlachten mitgemacht, wie sehr es auch mein sehnlicher Wunsch seit meinem Eintritt in die Armee war und wie viel Vorstellungen ich auch machte, mich als Freiwilligen an den Kämpfen tätlichen Anteil nehmen zu lassen. Daß dieser mein Wunsch nicht in Erfüllung ging, lag aber weder an dem guten Willen, noch an der Zuneigung meiner Vorgesetzten; es war bei ihnen weder Absicht, noch eine mich betreffende Zurücksetzung, es lag vielmehr in den damaligen Verhältnissen meiner Waffe, und ich mußte dieses Geschick mit mehreren andern meiner christlichen Waffengefährten teilen. Wenn ein junger Mann im tiefen Frieden sich dem Soldatenstande widmet, so ist es die Frage, ob sich ihm jemals die Gelegenheit darbieten wird, als Verteidiger des Vaterlandes dem Feinde gegenüber wirksam zu sein und demgemäß seinen Mut und seine Brauchbarkeit durch die Tat zu bewähren. Wer aber wie ich, zu Anfang des Jahres 1813, dem Aufruf des

Königs folgend, sich freiwillig in die Reihen der Krieger stellte, und ungeachtet aller Bemühungen und anderweitig günstigen Verhältnisse und ungeachtet alles Wohlwollens von seiten der Vorgesetzten doch nicht vermochte, diesen ernsten Zweck zu erreichen, da wendet sich unwillkürlich das Auge nach oben und scheint uns zur Annahme einer speziellen Leitung unseres Geschicks vom allgütigen Vater im Himmel zu berechtigen.

Es wird sich demnach in dieser Hinsicht die Geschichte meiner militärischen Laufbahn wesentlich von den bereits vorhandenen Geschichten und Biographien der Art unterscheiden, und sie wird, aus den angeführten Gründen, weder lehrreiche Beschreibungen von Schlachten oder Belagerungen, noch nachahmungswerte Kriegstaten und interessante Kriegsbegebenheiten enthalten. Dessenungeachtet glaube ich aber andererseits überzeugt sein zu dürfen, daß diese meine Dienstgeschichte nicht ohne Interesse sein, vielmehr von meinen teuren und lieben Freunden, von meinen Kameraden, von manchen meiner Glaubensgenossen und namentlich von dem jüngeren Teil derselben mit Teilnahme gelesen werden wird. Und für diese ist auch die nachfolgende Geschichte meines Dienstlebens vorzugsweise niedergeschrieben. Sie soll den jüdischen Jüngling ermutigen, sie soll ihm zeigen, daß auch in unserm Vaterlande der Jude zu Staatsämtern gelangen kann und in seiner öffentlichen Laufbahn nicht aufgehalten wird, vorausgesetzt, daß der dem Staatsdienst sich widmende jüdische Jüngling von vornherein bemüht ist, seine Pflichten in ihrem ganzen Umfange zu erfüllen; daß er sich bestrebt, das Vertrauen und die Liebe seiner Vorgesetzten zu erwerben; daß er dabei vor allem *Gott im Herzen* und seine Stellung und sein Ziel vor Augen hat. Ich habe die feste und auf eine langjährige Erfahrung gegründete Überzeugung, daß auch der jüdische Jüngling das vorgesteckte Ziel erreicht, wenn er mutig und vertrauensvoll darauf losgeht und sich durch Hindernisse nicht gleich abschrecken, nicht gleich vom *geraden* Wege abbringen läßt. Diese Hindernisse werden vielmehr bei einem regen Eifer und bei einem hinlänglichen Grad von Festigkeit nur dazu dienen, seinen Ehrgeiz anzuspornen und seine Kräfte zu üben; denn ohne Kampf kein Sieg! - Wenn der jüdische Jüngling durch die entsprechenden Prüfungen dargetan, daß er was Tüchtiges erlernt hat und das Erlernte auch praktisch anzuwenden versteht, wenn er mit *Bescheidenheit,* ohne *Anmaßung* und *Überschätzung* auftritt, wenn er nicht durch eine zu weit getriebene *Empfindlichkeit* jede ihm verletzend scheinende Äußerung gleich als das Ergebnis eines gehässigen Vorurteils, vielmehr als eine harmlose, mehr scherzhafte, in vielen Fällen ganz absichtslose Mitteilung aufnimmt, und wenn er endlich durch ein freies, zuvorkommendes, ehrenhaftes, offenes und unbefangenes Betragen dartut, daß er denjenigen Grad von Bildung in sich aufgenommen hat, den man für die von ihm gewünschte Stellung mit Recht beanspruchen kann, so wird er, davon bin ich überzeugt, auch in unserem Vaterlande denjenigen Platz im öffentlichen Staatsleben erhalten, welcher seiner Persönlichkeit, seinen Kenntnissen und Fähigkeiten entspricht. Es wird zwar für jetzt noch ausnahmsweise geschehen, allein es geschieht! - Dafür bürgt mir meine Erfahrung und vor allem die hohe Gerechtigkeitsliebe und die Herzensgüte unsers weisen und humanen Königs und Herrn! Nur müssen die Juden ruhig, dabei aber beharrlich und kräftig vorwärtsschreiten, den Mut nicht sinken lassen, vielmehr auf den allmächtigen Gott vertrauen, der sie vom Sinai bis hierher so überaus merkwürdig, so wunderbar geführt, der sie geweidet hat bis auf diesen Tag und der ihnen so unzählig viel Beweise von unendlicher Liebe und unbegrenzter Vatertreue gegeben. –

Die Geschichte eines jeden Menschen kann in sehr verschiedenen Beziehungen von Interesse sein und mehr oder weniger Teilnahme in Anspruch nehmen. Dieses Interesse und diese Teilnahme sind aber einer mannigfaltigen Steigerung fähig, und sie werden um so allgemeiner und um so größer sein, je ausgezeichneter und merkwürdiger, je seltener und einflußreicher, je bewegter und gekannter das Leben desjenigen ist, dessen Geschichte uns vorgeführt wird. Es erscheint demnach gewagt, wenn ich nach dem eben Gesagten in diesen Blättern die Geschichte meines Lebens und zwar *nur die meines Dienstlebens* niederschreibe, und ich bin deshalb dem geneigten Leser schuldig, außer den bereits angeführten allgemeinen Gründen die spezielle Veranlassung hierfür anzugeben.

Im Jahre 1842 erschien von meiner Mutter Brudersohn, meinem verehrten Lehrer, dem pensionierten Königlichen Regierungs-Bauinspektor *S. Sachs,* folgende Biographie: »Mein fünfzigjähriges Dienstleben und literarisches Wirken. Ein Beitrag zur tatsächlichen Beleuchtung der Frage: Sind Juden zum Staatsdienst geeignet?«, in welchem der Verfasser in logischer Ordnung und bei der ihm eigenen *hohen Rechtlichkeit* der Wahrheit getreu seine Erlebnisse bis zum Jahre 1830 erzählt.

Als ich diese für mich so interessante Schrift durchgelesen hatte, erstarkte in mir der längst gehegte Gedanke, auch mein Dienstleben einfach und treu zu erzählen, da ich vermutete, jene könne, trotz der großen Anhänglichkeit und Liebe meines Vetters für den Glauben seiner Väter, entmutigend auf unsere jungen Glaubensgenossen einwirken, um dadurch sie zu kräftigen und anzufeuern, damit sie getrost und vertrauensvoll ihre Kräfte dem teuren Vaterlande widmen mögen, wenn sie den Beruf dazu in sich fühlen. Sie, meine jungen Freunde, werden aus dieser Geschichte entnehmen, daß ich, ohne eine besondere Begabtheit, ohne hervorstechende Talente, ohne mehr als den gewöhnlichen Grad von Wissen, meine Laufbahn begann, dieselbe ohne Hast und ohne Pretension ruhig verfolgte und niemals durch einen zu weit getriebenen Ehrgeiz nach Auszeichnungen oder Bevorzugungen emsig strebte, sondern daß ich ruhig und mit einem festen und unwandelbaren Vertrauen zu dem Gott meiner Väter das mir vorgesteckte Ziel zu erreichen suchte. Von Anfang an war mein Hauptbestreben dahin gerichtet, durch mein Benehmen gegen Vorgesetzte, Kameraden und Untergebene sowohl im Dienst, als im geselligen Verkehr das Vorurteil zu beseitigen, zu tilgen und überhaupt den Juden möglichst ganz in Vergessenheit zu bringen. Stets und ständig gab ich auf mich selbst acht, suchte begangene Fehler zu verbessern und benutzte die sich mir darbietenden Vorbilder als Richtschnur meines Verhaltens und meines Betragens. Dabei habe ich die Religion, zu der ich mich bekenne, niemals verleugnet, sie aber auch eben so wenig unberufen und auf eine ungehörige Art zur Schau getragen. Obwohl alle Offiziere der Garnison, und namentlich die Offiziere meiner Waffe, der Artillerie, recht gut wußten, daß ich ein Jude bin, so ist hierdurch doch *niemals* eine störende, oder mich nur im entferntesten verletzende Einwirkung erzeugt worden. Vielmehr fühlte ich mich stets zufriedengestellt, froh und behaglich im Kreise der Offiziere, es war mir der *liebste* Umgang und unbefangen, kameradschaftlich und herzlich war unser Beisammensein, und zwar von meinem ersten Auftreten, als junger Offizier in der Artillerie, bis heute. Dieses sich immer gleich bleibende gute Verhältnis war aber für mich um so erhebender, wohltuender und um so befriedigender, als eben in diesem geselligen Umgange die strengen und abgrenzenden militärischen Gesetze des Dienstes und der Subordination nicht vorherrschend sind, sich jeder im allgemeinen so gibt, wie er an und für sich ist, denkt und fühlt, und die gegenseitige Achtung und das Wohlwollen sich deshalb um so bestimmter und prägnanter aussprechen können.

Ich muß bei dieser Gelegenheit der laut mahnenden Stimme meines Herzens folgen und dem *hochachtbaren* Offizierkorps der Garde-Artilleriebrigade meinen herzlichsten Dank aussprechen für die vielen Beweise von Freundschaft, Wohlwollen und echt kameradschaftlichen Gesinnungen, mit welchen sie mich fortwährend, in dem langen Zeitraume vom Jahre 1816 bis jetzt, beehrte. Sollten diese Blätter zu einer Zeit, in welcher ich nicht mehr auf Erden wandle, in Ihre Hände gelangen, o, so mögen sie Ihnen sagen, daß Sie Ihre Zuneigung, Ihre kameradschaftliche Treue und Liebe keinem Undankbaren zugewendet haben, o mögen sie Ihnen sagen, daß ich mit dankerfülltem Herzen die mir von Ihnen zuteil gewordene liebevolle und aufmunternde Behandlung empfangen und tief empfunden habe. Nicht, daß Sie mich, der ich bei der Artillerie- und Ingenieur-Schule stehe, also als einen nicht zu Ihrer Brigade gehörenden Offizier, mit Freundlichkeit und Zuvorkommenheit empfingen, wenn ich in dienstlichen Verhältnissen oder im geselligen Verein in Ihre Mitte trat, nicht das ist es, was mich so erfreute (und wie konnte dieses auch von einem so gebildeten Offizierkorps anders zu erwarten sein), sondern die Art und Weise, *wie* Sie mich empfingen, das vertrauensvolle Wohlwollen, mit welchem Sie mir entgegenkamen, vom Kommandeur bis zum jüngsten Leutnant, das ist es, was mich so froh machte, was ich so tief empfunden habe und, so es der liebe Gott will, bis zu meinem letzten Lebenshauch empfinden werde. Deshalb ist auch meine auf Dankbarkeit und Hochachtung gegründete Verehrung und Anhänglichkeit, welche ich für das hochachtbare Offizierkorps der Garde-Artilleriebrigade in meinem Herzen empfinde, so groß, so innig und dauernd. O, möchten Sie, meine hochverehrten Herren, dem Andenken Ihres dahingegangenen jüdischen Kameraden dieselbe Treue und Liebe, dasselbe Wohlwollen bewahren, welches Sie ihm im Leben so oft, so gern und so vorurteilsfrei angedeihen ließen!

Ich wende mich nun wieder zu euch, meine jungen Glaubensgenossen, und fühle mich zu der Bemerkung veranlaßt, daß die folgende, in schlichter und einfacher Form niedergeschriebene Geschichte meines Dienstlebens, dem Zweck derselben entsprechend, auch *nur diese* und nichts weiter enthalten wird. Es wird aus der vorliegenden Geschichte hervorgehen, daß die Religion, zu welcher ich mich bekenne, mich in mancher Beziehung zum Kämpfen veranlaßte, wie dieses namentlich bei einigen Übergängen aus meiner militärischen Stellung in eine höhere der Fall war, einen Kampf, der meinen christlichen Kameraden durchaus fremd ist. Denn während sie mit Sicherheit ihre Laufbahn verfolgten und ohne eine derartige Überwindung von Hindernissen, ohne ihr Hinzutun befördert wurden, war ich genötigt, einen Kampf mit meiner innersten Überzeugung und mit den äußeren Verhältnissen zu bestehen. Allein dieser Kampf kam in der Regel nicht unvorhergesehen; mit bangen Erwartungen sah ich stets, wie sich die Zeit zu demselben näherte. Es lag dieser Kampf in der außergewöhnlichen Stellung, die ich einnahm, in der Stellung der Juden zum Staat überhaupt. Er stählte meinen Mut, er stärkte mich in meinem Vertrauen, und eine innere Stimme tröstete, beruhigte mich und ließ es niemals zum Verzagen kommen. *Der allbarmherzige Gott hat mich geweidet seit ich bin bis auf diesen Tag;* Er hat mich mit Seiner unendlich großen Liebe so gnädiglich, so wunderbar geführt, mir so unzählige Beweise Seiner grenzenlosen Vatertreue gegeben, daß ich nun und nimmermehr Worte finden kann, die meine Gefühle, meinen innigsten Dank nur anzudeuten, viel weniger auszusprechen vermögen. Mit einem kindlich ergebenen und dankerfüllten Herzen blicke ich in tiefer Demut auf mein bis jetzt zurückgelegtes Leben. »Bis hierher hat *Deine* Barmherzigkeit mich geführt und *Deine* Gnade hat mich nicht verlassen, Du wirst mich auch ferner nicht verlassen«, und so wie der Patriarch Jacob zu Gott betete (1. Buch Moses 32, 11), so bete auch ich täglich zu wiederholten Malen: »Ach, ich bin viel, viel, viel zu geringe für alle die Gnade, für alle die Treue, die Du Deinem Knechte erzeigt hast.« Das war, das ist und das bleibt fortan der Wahlspruch meines Lebens.

Geschrieben den 23. Juli 1847.

Geschichte meines Dienstlebens.

Am 9. Oktober wurde ich in Berlin geboren. Mein Vater war Buchhalter in einem reichen jüdischen Handlungshause, beschäftigte sich auch privatim mit der Malerei, wozu er viel Neigung und Talent gehabt haben soll. Meine vortreffliche Mutter hatte eine Töchterschule für feine weibliche Handarbeiten und gleichzeitig einige Pensionärinnen. Als ich noch nicht das fünfte Jahr erreicht hatte, starb mein Vater und hinterließ meiner unglücklichen und von unendlichem Schmerz tief gebeugten Mutter mit ihren sieben Kindern, von welchen das älteste, ein Knabe, zehn Jahre alt war, nur ein sehr kleines, unbedeutendes Vermögen. Meine Mutter war zu stolz, zu ehrgeizig, um irgend eine Unterstützung, selbst von ihren teilweis begüterten Verwandten, anzunehmen. Sie zog es vielmehr vor, sich und ihre sechs Kinder (das jüngste war bald nach des Vaters Tode gestorben) von ihrer Hände Arbeit, durch eine unermüdliche Tätigkeit, durch den seltensten und ausdauerndsten Fleiß und durch die unerhörtesten Anstrengungen selbst zu ernähren. Sie besaß eine große Geschicklichkeit im Zusammensetzen und Stopfen der Spitzen und der andern feineren Stoffe für die Damengarderobe, war in dieser Beziehung nicht nur durch das Publikum sehr beschäftigt, sondern erhielt auch alle dahin gehörenden Arbeiten für Ihre Majestät die unvergeßliche Königin Luise und für die Prinzessinnen unseres erlauchten Königshauses.

Dieses uns von unserer vortrefflichen Mutter gegebene Beispiel des unausgesetztesten Fleißes und der gewissenhaftesten Pflichttreue wirkte aber in hohem Maße vorteilhaft auf unsere Erziehung und war für uns von unberechenbarem und nachhaltigem Nutzen.

Bis zu meinem zehnten Jahre besuchte ich eine jüdische Elementarschule, in welcher ich gleichzeitig den Unterricht im Hebräischen, in der Religion, im Bibellesen und selbst im Talmud erhielt. Dann kam ich auf die Handelsschule. Da ich aber wenig Lust zur Handlung hatte, vielmehr eine entschiedene Neigung zum Zeichnen und zum Baufach zeigte, so gab mich meine Mutter zuerst in das Gymnasium zum grauen Kloster, wo ich bis zum Jahre 1804, also bis zu meinem fünfzehnten Jahre verblieb, und alsdann zu meinem Vetter, dem Bauinspektor *Sachs* in die Lehre. Nachdem ich daselbst den ersten Unterricht und gleichzeitig die nötigsten Vorbereitungen zum Studium der Baukunst überhaupt und zum Besuch der Berliner Bauakademie erhalten hatte, benutzte ich mit großer Teilnahme und mit angestrengtem Fleiß den Unterricht dieser Lehranstalt, und meine gute Mutter scheute kein Opfer, keine ihr auch noch so schwer fallende Ausgabe, mir noch nebenbei Privatunterricht in der Mathematik von tüchtigen Lehrern geben zu lassen. Im Anfang des Jahres 1807 machte ich das erste Examen als Kondukteur oder Feldmesser und wurde infolge dieses Examens am 30. Juli desselben Jahres bei der damaligen Königlichen Kurmärkischen Kriegs- und Domänen-Kammer als *Kondukteur und Feldmesser vereidet.* So trat ich also mit diesem Tage (dem 30. Juli 1807) und zwar in meinem achtzehnten Jahre in den Staatsdienst, ohne daß mir in der ganzen Zeit, wo ich als Baueleve die Akademie besuchte, bis zu meiner Vereidigung und bei der Vereidigung selbst irgend ein durch meine Religion herbeigeführtes Hindernis in den Weg getreten wäre. Bei der damals sehr großen Anzahl von Kondukteuren erhielt ich nur selten einen Auftrag von der Kammer, bekam aber dennoch einige Aufnahme- und Nivellementsgeschäfte übertragen, welche durch Diäten honoriert wurden. Da ich mir in der Mathematik einige Kenntnisse zutraute, so wagte ich es, Privatunterricht in dieser Wissenschaft zu erteilen, und mit Gottes Hilfe ging es besser, als ich es anfangs erwartete. Ich war dadurch imstande, meiner herrlichen und seltenen Mutter, der ich so bedeutende Ausgaben verursachte, von der ich bis jetzt alles erhielt, was ich brauchte, diese große Last zu erleichtern. Gleichzeitig besuchte ich nun auch die Akademie der Künste zu Berlin und wendete die mir übrig gebliebene Zeit dazu an, mich zu meinem zweiten, dem sogenannten großen Bauexamen, vorzubereiten. Als ich nun nach dem Verlauf von fünf Jahren mit den mir von der Königlichen Oberbaudeputation behufs dieses Examens aufgetragenen Bauzeichnungen fertig war, ebenso die hierzugehörenden vielen schriftlichen Arbeiten und Berechnungen beinahe beendet hatte*) und beides in einigen Monaten zur Ablegung meines zweiten Examens einreichen wollte, da erschien am 9. Februar 1813 der denkwürdige *Aufruf* des Königs zu den Waffen. - Es ist weltbekannt, mit welchem außerordentlichen Enthusiasmus dieser Aufruf von der preußischen Jugend aufgenommen wurde, wie

---

*) Die Bauzeichnungen bestanden aus 21 vollgezeichneten Blättern von großem Umfange und enthielten 1. sämtliche Wohn- und Wirtschaftsgebäude zu einem großen Vorwerk, 2. eine Kirche zu 1000 Zuhörern in einem beliebigen Baustil, und 3. die Bauwerke und Maschinen zur Entwässerung eines Strich Landes von gegebenem Umfange mit den dazu gehörigen Schleusen.

er die ganze Nation, ohne Unterschied des Glaubens und des Standes mit sich fortriß, zu einer in der Geschichte beispiellosen Hingebung und Tatkraft erhob und mit welcher seltenen Begeisterung die entflammten Jünglinge den angewiesenen Sammelplätzen zueilten, um mit dem Heere vereint, Preußens Freiheit und Wiedergeburt zu erkämpfen. Ich blieb natürlich nicht zurück. Am 14. Februar 1813 meldete ich mich mit mehreren meiner Kollegen bei der vom Magistrat niedergesetzten Kommission zum *freiwilligen* Militärdienst und erhielt folgende Bescheinigung:

»Daß der Kondukteur *Meno Burg* aus Berlin sich heute zum freiwilligen Militärdienst gemeldet hat, wird hiermit attestiert. Berlin, den 14. Februar 1813. Oberbürgermeister, Bürgermeister und Rat. gez. *Büsching, Klein.*«

Am 16. Februar wurden wir Freiwilligen mit der Post nach Breslau befördert, andere gingen nach Colberg. Wir waren über zweihundert Jünglinge, die an diesem Tage nach Breslau abreisten. Es war rührend und erhebend, den Abschied dieser begeisterten jungen Männer vor der Post von ihren Vätern, Müttern, Geschwistern und Verwandten mit anzusehen. Es war großartig und herzergreifend, mit welcher Zuversicht, mit welchem Mut und mit welchem Enthusiasmus sich die Jünglinge den Armen ihrer weinenden Angehörigen entrissen und die offenen Wagen bestiegen, wie sie alsdann beim Abfahren dieses langen Zuges, die Mützen hoch in die Luft schwingend, Preußen, ihrem teueren Vaterlande, ein Lebehoch und den Zurückgelassenen ein viel bedeutendes Lebewohl zuriefen, und wie wir von diesen segnend entlassen wurden. – Meine Mutter war auch dabei. – Ach, es war eine große und mächtige Zeit! Noch heute, nach vierunddreißig Jahren, steht dieser Abschied lebhaft und ergreifend vor meiner Seele, noch ist der tiefe Eindruck nicht erloschen, den die damals alles beherrschende Vaterlandsliebe, voller Poesie und Hingebung, in mir erzeugte. -

Nach einer schnellen Reise langten wir in Breslau an. Es war mein fester Vorsatz, nur so lange Soldat zu bleiben, als der Krieg dauert. Dann wollte ich nach Beendigung desselben wieder zum Baufach, welches mir so lieb und so teuer geworden war, zurückkehren. Deshalb wählte ich auch bei meiner Ankunft in Breslau die Infanterie als diejenige Waffe, in welcher man am schnellsten ausgebildet werden konnte, und meldete mich zu dem Ende als Freiwilliger beim damaligen Garde-Normal-Bataillon (dem jetzigen zweiten Garde-Regiment zu Fuß). Der Kommandeur desselben, der damalige Major von *Alvensleben*, nahm mich ohne alle Umstände und sehr gern an und teilte mich der ersten oder Leibkompanie als Grenadier zu. Die andern Architekten, welche mit mir nach Breslau kamen, traten bei dem Ingenieur-Korps als Freiwillige ein und wurden sogleich vom General *von Scharnhorst* als Ingenieur-Geographen angestellt. Ich aber war der Meinung, daß die Ingenieure nicht so kombattant sind und an den Schlachten und Kriegsereignissen nicht so tätigen Anteil nehmen können wie die Infanterie. Deshalb und weil mir das bis zum Frühjahr 1812 in Berlin garnisonierende Garde-Normal-Bataillon so gut gefiel, ich auch einige ältere Freunde bei demselben hatte, wählte ich aus Vorliebe gerade dieses Bataillon. Den folgenden Tag schon mußte ich mit dem Erlernen des Exerzierens, teils allein, teils mit den andern Rekruten den Anfang machen. Es war keine Zeit zu verlieren, da das Bataillon stündlich den Befehl zum Ausmarsch erwartete. Die notwendigsten Bekleidungs- und Armaturstücke erhielt ich sogleich auf Befehl des Majors von der Kompanie, wurde also förmlich eingekleidet und zu meiner Zufriedenheit einquartiert. Mit einem Male war ich nun Königlich Preußischer Garde-Grenadier geworden, und so sonderbar, neu und befremdend mir auch meine jetzige Lage und das Kostüm, in welchem ich mich erblickte, vorkam, so war ich doch im ganzen zufriedengestellt, hatte frohen Mut und tat mir nicht wenig darauf zu gut, wenn ich so, das Gewehr auf der Schulter, neben meinem mich einexerzierenden Unteroffizier durch die Straßen Breslaus als junger Vaterlandsverteidiger einherschritt. Allein nur kurze Zeit sollte ich mich in dieser meiner neuen, mir zusagenden und selbstgewählten Stellung befinden. Nachdem ich ungefähr zehn Tage exerziert und, nach Aussage meines Lehrmeisters, recht gute Fortschritte gemacht hatte, wurde ich zum Feldwebel der Kompanie befohlen, um daselbst mein National aufnehmen zu lassen und demnächst vereidet zu werden. Im Frieden geschieht dies Schwören bei der Fahne sogleich nach dem Eintritt. Jedoch in der damaligen so unruhigen Zeit, bei den überhäuften Geschäften und dem Drang der Verhältnisse mußte dieser feierliche Akt verschoben werden. Ich kam zum Feldwebel. Er hatte eine Liste vor sich, in welcher mehrere Rubriken mit den entsprechenden Überschriften, als Namen, Geburtsort, Alter usw., versehen waren, die er meiner Angabe nach ausfüllte. Als er aber zur Rubrik »Religion« kam und von mir die Antwort »jüdisch« erhielt, wollte er anfangs seinen Ohren nicht trauen. Er sah mich groß, bedeutend und kopfschüttelnd an, vollendete die Liste und entließ mich bald darauf, ohne weiter etwas hinzuzufügen. Nach Verlauf einiger Stunden kam er auf mein Zimmer. Er sah ziemlich verlegen aus und eröffnete mir mit einer gewissen Befangenheit, wie er auf Befehl des Herrn Major von Alvensleben mir mitteilen müsse, daß ich nach den bestehenden Gesetzen und nach den obwaltenden

Umständen nicht in der Garde als Jude dienen könne, demnach die von der Kompanie erhaltenen Gegenstände wieder abliefern und das mir überwiesene Quartier sofort räumen müsse. Ich war sehr erstaunt und betroffen, und diese Mitteilung war mir in dieser Zeit um so unerwarteter, als kurz zuvor, im Jahre 1812, der König den Juden auf *Hardenbergs* Veranlassung die so lange ersehnten Rechte aus freiem Antriebe verliehen hatte. Es war dies also das erste Mal seit dem Jahre 1807, wo ich in den Staatsdienst trat, daß der Jude, daß meine Religion mir in den Weg trat. Ich zog mich sogleich dienstmäßig an, ging zu meinem Major und trug ihm mein Erstaunen, mein Befremden über das mich betreffende Verfahren in den bescheidensten Ausdrücken vor. Er hörte mich zwar ruhig an, erwiderte aber, daß es ihm sehr leid tue, mich nicht beim Bataillon behalten zu können, daß er mich sehr ungern verliere, aber durchaus nicht anders handeln könne. Was ich auch einwenden mochte, es half nichts, er blieb dabei und entließ mich zuletzt nicht ohne ein Zeichen von Unwillen. Den andern Tag holte der Kapitän d'armes der Kompanie die sämtlichen mir übergebenen Sachen ab; ich mußte das Quartier verlassen und zog in ein Gasthaus. Daß dieses mein militärisches Debüt mich sehr niederdrückte und ganz dazu geeignet war, meinen Enthusiasmus bedeutend abzukühlen, bedarf wohl weiter keiner Auseinandersetzung. Ich sprach mit diesem und mit jenem, aber es half nichts. Ich schrieb an den Fürsten Staatskanzler, der damals in Breslau war, und stellte ihm meine Lage vor, erhielt aber keine Antwort. Ich bat um eine Audienz bei ihm, konnte aber der vielen und dringenden Geschäfte wegen nicht vorgelassen werden. Kurz, alle meine Mittel schlugen fehl, ich war wieder genau da, wo ich angefangen hatte und wußte mir nun in der höchst unangenehmen Lage selbst keinen Rat weiter zu erteilen. Nach Berlin wollte ich so nicht wieder zurück, ich schämte mich, und mein Ehrgefühl ließ es nicht zu, zumal ich wußte, daß bei den Linienregimentern eine große Anzahl jüdischer Jünglinge eingetreten und gut und gern aufgenommen waren.*) Von meinen früheren Kollegen des Baufaches wurde ich tüchtig ausgelacht, als ich ihnen das mich betreffende Ereignis mitteilte. Sie überredeten mich zwar, in das Ingenieur-Korps einzutreten, allein ich konnte mich jetzt um so weniger dazu entschließen, ein gewisses Schamgefühl hielt mich ab.

Als ich mich in dieser meiner sehr peinlichen und traurigen Lage einige Tage in Breslau herumgetrieben hatte und bei meiner großen Mißstimmung zu keinem Entschluß kommen konnte, begegnete mir eines Morgens der Leutnant *von Ledebur* vom Regiment Garde du Korps (jetzt Oberst und Flügeladjutant Sr. Majestät des Königs), welchem ich vor längerer Zeit in Berlin Unterricht in der Mathematik erteilt hatte, und er wunderte sich nicht wenig, mich wieder in Zivilkleidung und außer Dienst zu sehen. Ich teilte ihm das Vorgefallene mit. Worauf er mir erwiderte, daß mir ganz recht geschehen sei, ich hätte nicht bei der Infanterie, sondern bei der Artillerie eintreten sollen, wozu ich mich als Kondukteur und mit dieser Waffe ent-

*) Auf Befehl des Königs wurden an einem Tage in Breslau alle jüdischen Freiwilligen, deren Anzahl wahrlich nicht gering war, in die Synagoge geführt, wo nach einem einleitenden Gottesdienst der dortige Rabbiner sie einsegnete und feierlich ermahnte, ihre Pflichten als Soldaten treu und mit Aufopferung zu erfüllen, sie aufforderte, sich brav zu halten, tapfer für König und Vaterland zu streiten und ihren heiligen Glauben fest zu bewahren. Er entband sie, nicht etwa kraft seines Amtes, sondern kraft der zitierten Satzungen der heiligen Schrift, während der Dauer ihrer Dienstzeit von allen Zeremonialgesetzen, legte ihnen aber ans Herz, täglich zweimal das Glaubensbekenntnis der Juden »Höre Israel« usw. zu sagen.

sprechenden Kenntnissen besser und sehr gut eignete. Dieser Rat fand bei mir umsomehr Anklang, als schon in Berlin bei meinem Abgange von mehreren meiner Angehörigen der Wunsch ausgesprochen wurde, daß ich bei der Artillerie eintreten möchte. Ich entschloß mich demnach sehr kurz und ließ mich noch im Laufe desselben Vormittags bei Seiner Königlichen Hoheit dem jetzt verewigten Prinzen *August glorreichen Andenkens!*, der schon damals Generalinspekteur der Artillerie war, melden. Ich wurde sogleich vorgelassen und trug dem Prinzen meinen Wunsch, bei der Artillerie als Freiwilliger eintreten zu dürfen, vor. Um mich aber zu vergewissern, und um nicht wieder in eine ähnliche Lage wie beim Garde-Normal-Bataillon zu kommen, unterließ ich es nicht zu bemerken, daß ich jüdischer Religion sei. Der hochherzige Prinz betrachtete mich einige Augenblicke und sagte dann folgende denkwürdigen Worte: »Das tut nichts zur Sache. Die Religion zu welcher Sie sich bekennen, ist durchaus kein Hindernis. Wenn Sie in die Armee eintreten wollen, um Anteil zu nehmen an dem nur allzugerechten Kampf für König und Vaterland, so ist es natürlich ganz einerlei, ob Sie Jude oder Christ sind. Werden Sie gesund und brauchbar befunden, so steht Ihrer Aufnahme in die Artillerie nichts, gar nichts entgegen, so wie auch Ihr ferneres Fortkommen bei der Waffe durch Ihre Religion nicht beeinträchtigt werden soll.« Hierauf wendete er sich zu dem gegenwärtigen Adjutanten, Major *Perlitz,* und sagte: »Setzen Sie doch dem Kondukteur Burg hierüber meine Willensmeinung schriftlich auf, und schreiben Sie dem Oberst *Decker* in Neiße, daß ich den Burg als *Bombardier* in die Artillerie aufgenommen habe und nach Neiße schicke.« Hierauf verließ er das Zimmer. Ich mußte nun so lange warten, bis der Major Perlitz folgendes Schreiben vollendet hatte: »Vorzeiger dieses, der Kondukteur Meno Burg, jüdischer Religion, hat sich bei Sr. K. H. dem Prinzen August gemeldet und um Anstellung in der Artillerie gebeten. Höchstdieselben haben mir befohlen, in seinem Namen zu bestimmen, daß, wenn derselbe für gesund befunden worden, seiner Annahme nichts im Wege steht, sowie überhaupt seine *Religion* kein Hindernis zu seinem fernern Fortkommen in der Artillerie sein soll. Breslau, den 6. März 1813. gez. Perlitz.« Mit diesem mir eingehändigten Schreiben erhielt ich die Weisung, mich sofort nach Neiße zu begeben, mich daselbst beim Oberst Decker, welcher die noch immobile Artillerie kommandierte, zu melden, und das Schreiben vorzuzeigen. Es war dies also das *erste Mal,* wo ich das Glück hatte, mit dem hochherzigen und heldenmütigen Prinzen *August,* meinem nachmals so hohen und humanen Gönner, zu sprechen. Ach, ich ahnte damals nicht, zu welcher *großen Dankbarkeit* ich im Laufe der Zeit gegen diesen tapfern und edlen Fürsten verpflichtet sein würde, welche nicht genug zu schätzende Beweise von Wohlwollen und wahrhaft fürstlicher Huld mir der hochherzige Prinz während des langen Zeitraumes, in welchem ich unter seinem Befehl stand, würde angedeihen lassen. Er hat das mir gegebene huldvolle Versprechen herrlich gelöst - meine nie versiegende Dankbarkeit folgt ihm über's Grab hinaus. -- Ermutigt und gestärkt verließ ich das Hotel des Prinzen. Als ein ohne mein Verschulden aus dem Dienst entlassener Gardegrenadier hatte ich dasselbe betreten und als wohlbestallter Bombardier der Königlichen Artillerie konnte ich es verlassen. Ich hatte somit durch die Gnade des Prinzen die niedrigste Stufe in der Artillerie, nämlich den Kanonier, übersprungen und gehörte also von vorn herein in die Kategorie der Unteroffiziere.

Den folgenden Tag fuhr ich nach Neiße, und wurde daselbst von dem Oberst Decker und nachmals vom Premierleutnant *Conradi,* zu dessen Kompanie ich kam, über mein Erwarten gut aufgenommen. Nach einigen Tagen, es war am 10. März 1813, erhielt ich den Befehl, mich auf den Wall der Festung zu stellen, wo mir die Kriegsartikel vorgelesen und der Schwur abgenommen werden sollte. Die Artilleristen schwören nämlich nicht bei der Fahne, sondern bei der Kanone. Es machte einen eigentümlichen und zugleich feierlichen Eindruck auf mich, als ich mit meinem Kompaniechef auf dem Wall anlangte und daselbst den Feldwebel der Kompanie, einen Beamten der jüdischen Gemeinden in Begleitung eines alten, ehrbar aussehenden jüdischen Mannes mit einem langen weißen Bart, und noch einige Offiziere und Unteroffiziere bei einer Kanone versammelt antraf. Der Feldwebel las mir die Kriegsartikel vor, nach deren Beendigung der Beamte eine hebräische Bibel auf das Bodenstück des Kanonenrohrs legte. Ich mußte nun die Hand auf die Bibel legen und den Schwur nachsprechen, den mir der Beamte Wort für Wort vorsagte.

Wiewohl ich nur sehr kurze Zeit bei der Infanterie diente, so war dies doch insofern von Nutzen für mich, als ich über die ersten Elemente des Exerzierens hinweg war und mit dem Infanteriegewehr, welches den Artilleristen damals noch gegeben wurde, einigermaßen umzugehen verstand. Das Exerzieren beschränkte sich deshalb hauptsächlich auf die Bedienung der verschiedenen Geschütze, und diese Übung wurde mit mir und den andern Freiwilligen vor- und nachmittags mit großem Eifer betrieben. Des nahe bevorstehenden Krieges und des Mangels an Artilleristen wegen wurde alles so schnell als möglich durchgemacht, so daß ich schon nach einigen Wochen als ein notdürftig ausgebildeter Artillerist den Dienst in der Kompanie als Bombardier versehen konnte. Vom Premierleutnant Conradi (er ist als Oberstleutnant verstorben) wurde ich fortwährend mit einer besondern Nachsicht und mit großer Vorliebe behandelt. Er war mit mir stets zufrieden und schrieb selbst einmal an meine Mutter einen Brief, in welchem er sich sehr lobend über mich äußerte.*) Überhaupt schenkte er mir sein vollkommenes Zutrauen, wel-

---

*) Der Brief in Rede lautet:

Sehr wertgeschätzte und achtungswerte Frau.

Ihr Herr Sohn ist so gütig bei Schilderung seiner jetzigen Lage auch meiner gegen Sie zu erwähnen, und zwar auf eine Art, die nach eigener Überzeugung weit von der Wahrheit entfernt ist. Aus Gründen nahm ich mich Ihres Herrn Sohnes beim Eintritt in die Kompanie wohl vorzüglich an, dies, meine sehr achtungswerte Frau, würde ich unter gleichen Umständen gegen jeden anderen auch getan haben, daß aber Ihr Herr Sohn sich durch sein so ausgezeichnetes moralisches als auch bescheidenes Betragen und die vorzügliche Aufmerksamkeit im Dienste nicht allein meine ganze Achtung und auch derer Offiziere, so ihn kennen gelernt, sich erworben, ist ganz sein Werk, weswegen ich ihn persönlich schätze und wir beide freundschaftlich miteinander umgehen. Um ihm nun einen Beweis zu geben, wie sehr ich ihn schätze, habe ich ihn trotz seiner kurzen Dienstzeit zum Unteroffizier dem Obersten vorgestellt, welchen denn auch genehmigt; doch seien Sie auch versichert, daß bei jeder andern Kompanie ihm dieser Vorzug ebenfalls geworden wäre. Daß es Ihrem Herrn Sohn in dem so beschwerlichen Soldatenstand so gut gefällt, und sich sogleich und leicht gefügt, hat er bloß der vortrefflichen Erziehung seiner achtungswerten Mutter zu verdanken, die ihm Grundsätze eingeflößt, sich in allen Lagen des menschlichen Lebens zu finden, doch können Sie auch glauben, daß er dies mit aller kindlichen Liebe erkennt und nur mit der größten Hochachtung von Ihnen spricht. Wie sehr wünsche ich, da auch ich Vater eines Sohnes bin, auf ihn dereinst einmal so stolz sein zu dürfen, wie Sie es mit Recht sein können.

Neiße, den 8. Mai 1813.

Ihr Sie schätzender
Conradi.

ches er hauptsächlich dadurch an den Tag legte, daß er mich schon nach einigen Wochen dem Oberst Decker zum Unteroffizier in Vorschlag brachte. Dieses *erste* Avancement in meiner militärischen Laufbahn machte mir eine größere Freude, als man vielleicht erwarten sollte und ich selbst kaum gedacht hatte, und obgleich ich bei demselben zwölf ältere Bombardiere übersprang, so war es für mich eine große Genugtuung, daß mir dasselbe keinen sich aussprechenden Neid zuzog, ich vielmehr mit ihnen in demselben kameradschaftlichen Verhältnis blieb, wiewohl keinem von ihnen meine Religion ein Geheimnis war. Da ich ferner, außer dem Dienst, von den Artillerieoffizieren der Besatzung mit einer gewissen Auszeichnung behandelt wurde, viel mit ihnen umging und außerdem häufig bei dem Kompaniechef war, so hielten mich die anderen Unteroffiziere und Bombardiere für einen Offizierkandidaten und sahen mithin meine schnelle Beförderung zum Unteroffizier als ein sich von selbst verstehendes, sie keinesweges gravierendes Ereignis an. Hierzu kam noch, daß auf Befehl sämtliche Freiwillige, welche früher Beamte waren und in das Heer eintraten, die Vergünstigung erhielten, das silberne Offiziersportepee zu tragen, und dieses Portepee trug auch das seinige dazu bei, mir ein gewisses Ansehen bei den Kameraden zu verschaffen. Ich war Unteroffizier, galt aber der äußern Erscheinung nach für einen Portepeefähnrich.

Mittlerweile hatte nun der Krieg begonnen. Der Kriegsschauplatz zog sich durch das Vorgehen des französischen Heeres immer mehr nach Schlesien, weshalb es als sehr dringend erschien, der Festung Neiße eine für den gewaltsamen Angriff entsprechende Verteidigung zu geben, zu welcher bis jetzt noch wenig im Platze vorbereitet war. Die

Besatzung der Festung und besonders die Artillerie war demnach in einer fortwährenden und sehr anstrengenden Tätigkeit, und ich wurde unter anderm dazu bestimmt, sämtliche Schießscharten auf dem Hauptwall behufs der Geschützaufstellung gegen einen gewaltsamen Angriff, einschneiden und die dazugehörigen Bettungen legen zu lassen. Die vorhandenen Scharten waren nämlich entweder größtenteils verfallen, oder hatten nicht die gehörige Richtung. Man war dabei der Meinung, daß ich mich als Kondukteur am besten zur Ausführung dieser Arbeit, bei welcher es auf genaues Abstecken gewisser Linien, auf regelrechte Erdarbeiten und auf eine sichere Bekleidung mittels Faschinen oder Schanzkörben vorzugsweise ankommt, eignen würde. Es ist dies eigentlich das Geschäft eines Offiziers, allein es fehlte sehr an Artillerieoffizieren, und die wenigen vorhandenen hatten so vollauf zu tun, so viel andre, nicht minder wichtige und notwendige Arbeiten auszuführen, daß keiner von ihnen hierzu verwendet werden konnte. Im Kriege geht alles - und zuweilen besser, als man anfangs glauben sollte. Wiewohl ich nun zur Ausführung dieser Arbeiten nur wenige Artilleristen erhalten konnte, vielmehr nur mit Infanteristen, Baugefangenen, mit requirierten Bauern und selbst mit Weibern arbeiten mußte, so ging dessenungeachtet, bei dem guten Sinn, welcher unter den Leuten vorherrschend war, das Einschneiden der Schießscharten und das Strecken der Bettungen schnell und zur Zufriedenheit der Vorgesetzten vonstatten. Ich muß gestehen, daß diese ersten mir aufgetragenen militärischen Beschäftigungen, sowie mein anderweitiges dienstliches Verhältnis in Neiße, mir, bei aller Anstrengung, die sie mir sowohl wegen der Neuheit, als auch der langen Dauer von früh morgens bis spät abends verursachten, doch sehr zusagten, und ich wäre mit meiner damaligen Lage gewiß vollkommen zufrieden gewesen, hätte ich mich nicht nach dem Schauplatz des Krieges und des offenen Kampfes gesehnt. Der Gedanke, daß ich mich in einer Festung bewegen mußte, während die andern Freiwilligen sich auf offenem Felde herumtummeln konnten, war für mich beengend und nicht selten niederschlagend. So oft aus Neiße Artilleristen zur Feldartillerie gesendet wurden, wurde der Wunsch, mit dabei zu sein, auf's neue in mir rege, und mit neidischen Blicken sah ich sie jedesmal von uns scheiden. Einige Male wagte ich es auch, diesen Wunsch, um dessen Erfüllung ich freiwillig Soldat geworden war, bestimmt auszusprechen, erhielt von den betreffenden Vorgesetzten aber immer den Bescheid, daß ich mich gedulden müsse, bis die Reihe an mich kommen würde, und man setzte alsdann wohl noch hinzu: ich wäre freiwillig eingetreten, um mich für die Befreiung des Vaterlandes nützlich zu machen, es fehle bei der Armee nicht an Händen, ich diene hier aber ebenso gut wie dort, ich wäre hier nicht gut zu entbehren u. dgl. m. Was blieb mir also anders übrig, als mich in mein Schicksal zu ergeben und die mir übertragenen Dienstgeschäfte ruhig und ohne Widersetzlichkeiten zu vollführen. –

Endlich erhielt die Kompanie Marschordre nach Spandau, um die Belagerungsartillerie daselbst zu verstärken. Von der ganzen Kompanie wurde diese Ordre mit Begeisterung aufgenommen und beim Appell mit einem Hurra empfangen. Es war doch wenigstens der erste Schritt für unsere Kriegstätigkeit vor dem Feinde getan. Wer war froher als ich? Allein meine Freude sollte nur von kurzer Dauer sein. Der Artillerieoffizier des Platzes, Hauptmann *Wörmann,* drang darauf, daß ich zurückbleiben und die schon weit vorgeschrittene Arbeit auf den Wällen der Festung vollenden sollte. Ich bat meinen Kompaniechef aber sehr dringend, daß er nicht darauf eingehen möge, und derselbe wirkte mir auch die Erlaubnis zum Mitausmarsch vom Oberst Decker aus.

An dieser Stelle muß ich des Abschieds von meiner Wirtin in Neiße, einer alten Witwe, Frau B., erwähnen, der für mich und für die Kameraden, welche demselben auf meine Veranlassung beiwohnten, höchst spaßhaft war. Als ich nämlich zu ihr ins Quartier kam, wies sie mir auf ihrem Bodenraum einen kleinen Verschlag mit einer elenden Schlafstelle zur Wohnung an. Sie mochte sich aber wohl bald überzeugt haben, daß ich mich für eine bessere und bequemere Wohnung auch eignen dürfte, und quartierte mich deshalb aus eigenem Antrieb nach einigen Tagen in ein bequemeres Zimmer in der Etage, in welcher sie selbst wohnte, mit welchem Tausch ich ungemein zufrieden war. Ich war überhaupt so glücklich, mir ihre Gunst zu erwerben, nur tadelte sie mich fortwährend, daß ich die Abende so oft in Judenhäusern zubringe und nicht lieber christliche Bekanntschaften suche. Und wenn ich ihr auch begreiflich machen wollte, daß es sehr anständige Kaufherren seien, an welche ich von Breslau aus empfohlen worden, und daß es mir nur sehr lieb sein könne, meine freien Abende in diesen Familien zuzubringen, so wollte sie dessenungeachtet niemals darauf eingehen. Sie war der Ansicht: Juden bleiben doch immer nur Juden, und behauptete unter anderem, daß sie alle einen eigentümlichen, unangenehmen Geruch haben, weshalb sie befürchte, daß ich ihr diesen Judengeruch ins Haus bringen könnte. Als ich eines Abends beim Zuhausekommen dieselben Redensarten hörte, sagte ich zu ihr: »Madame B., bevor ich Neiße verlasse, werde ich Ihnen eine Mitteilung machen, die Sie überraschen und Ihnen oft Stoff zum Lachen und zum An-mich-denken geben wird.« Ihre dringenden Bitten zur sofortigen Befriedigung ihrer Neugierde blieben von meiner Seite wohlweislich unerfüllt. Als nun der Tag des Ausmarsches erschienen war, trat ich, völlig ausgerüstet, in Begleitung einiger Kameraden, die mich abholten und welche ich von meinem Vorhaben in Kenntnis gesetzt hatte, in ihr Zimmer. Mit gesteigerter Neugierde drang sie nun in mich, ihr die so lange schon versprochene Mitteilung zu machen. Allein ich sagte: »Erst förmlich und freundschaftlich Abschied nehmen und alsdann mitteilen.« Wir reichten uns die Hände, nahmen voneinander Abschied, ich dankte ihr herzlich für all' das Gute, was ich in ihrem Hause genossen hatte und schloß mit den Worten: »Und nun, Madame B., erfahren Sie denn, ich bin ein Jude.« Sie war in der Tat sehr überrascht und wollte es nur glauben, als sie die Bestätigung dieses Wunders von meinen Kameraden erhielt. Ich setzte hinzu, wie unklug es von mir gewesen wäre, wenn ich ihr früher dieses große Geheimnis entdeckt hätte, schon des üblen Geruchs wegen würde sie mich unnachsichtlich in die Bodenkammer zurück verlegt haben. Sie erholte sich jedoch sehr bald von ihrem Erstaunen, nahm nun einen um so zärtlicheren Abschied von mir, begleitete mich bis vor die Tür ihres Hauses und sagte fortwährend: »Ja, ja, an diese Geschichte werde ich oft denken.« Als ich mich umsehend um die Ecke bog, stand sie noch vor der Tür, ich grüßte ihr das letzte Lebewohl zu und erhielt von ihr den letzten Knix. –

Dieses Ereignis, so unwesentlich es an und für sich auch ist, gab uns auf dem Marsch manchen Stoff zu Scherzen und war insofern für mich von Interesse, als ich aus demselben die vorurteilsfreie Unbefangenheit und die echt kameradschaftliche Gesinnung meiner Waffengefährten deutlich entnehmen konnte.

Ereignisse der Art, von den drolligsten und überraschendsten Wirkungen, sind mir in meinen nachmaligen Stellungen Personen gegenüber, die mich nicht näher kannten, nicht selten begegnet. Meinen Freunden und Bekannten habe ich sie oft - vielleicht zu oft - erzählt. Zu einer Mitteilung in der Geschichte meines Dienstlebens sind sie zwar nicht geeignet, indem sie wohl für das Privatleben von größerem oder geringerem Interesse sein können, aber auf meine dienstliche Stellung, auf meine militärische Laufbahn keinen Einfluß hatten. Dennoch werde ich es wohl kaum unterdrücken können, einige derselben im Verlauf meiner Geschichte zu erzählen.

Der Marsch von Neiße nach Spandau wurde dadurch verlängert, daß wir uns in Frankfurt a. d. O. einige Tage aufhalten mußten, um eine von den Oesterreichern gelieferte große Anzahl von Gewehren in Empfang zu nehmen und nach Berlin zu transportieren. Wir kamen deshalb viel zu spät vor Spandau an und erfuhren schon auf dem Marsch, daß Spandau infolge einer Bresche in Bastion Königin, die durch das Aufsteigen eines Pulvermagazins entstanden war, bereits kapituliert habe. Das Belagerungskorps war abgezogen, und wir mußten zu unserm großen Leidwesen in Spandau einziehen. Wer jemals eine nach einer hartnäckigen Verteidigung und nach einem Bombardement übergebene Festung gesehen hat, wird sich ein Bild von der Zerstörung machen können, in welcher wir die Festung und namentlich die Stadt und die Vorstädte fanden. Die vor uns eingerückte Infanterie wurde, so gut als es anging, in der Stadt untergebracht. Wir mußten uns mit den Vorstädten begnügen und erhielten die teilweise dachlosen Ställe und Scheunen als Quartiere angewiesen. Es kam jetzt vor allen Dingen darauf an, Spandau, welches damals von besonderer Wichtigkeit und gewissermaßen als die Zitadelle von Berlin zu betrachten war, in möglichst kürzester Zeit wieder in einen verteidigungsfähigen Zustand zu setzen, zumal bald nach dieser Katastrophe die feindlichen Armeen sich in einer Entfernung von nur wenigen Meilen von Spandau gegenüberstanden und der Ausgang der Kriegsoperationen im voraus nicht zu bestimmen war. Dabei fehlte es am Platze an brauchbaren Geschützen, an Munition und überhaupt an dem erforderlichen Kriegsmaterial. Die Wälle waren größtenteils zerstört, und an einer Stelle war die Festung sogar ganz offen. Welche großen Anstrengungen es kostete, welche unausgesetzte Tätigkeit es erforderte und welche vielen Arbeiten demgemäß vorgenommen werden mußten, um den so wichtigen Zweck so bald als möglich zu erreichen, ist leicht zu erachten. Da aber die Angabe derselben nicht zur Geschichte meines Dienstlebens gehört, so soll hier nur angeführt werden, daß wir täglich vor- und nachmittags im angestrengtesten Dienst waren, dabei aber sehr schlecht verpflegt wurden, indem wir zu unserm Unterhalt nur das erhielten, was die Franzosen an teilweise verdorbenen Lebensmitteln zurückgelassen hatten. Meine Beschäftigung hier unterschied sich sehr wesentlich von der in Neiße. Es war die eines gewöhnlichen Unteroffiziers der Artillerie, und wiewohl dieselbe viel zu meiner Ausbildung als praktischer Artillerist beitrug, so nahm sie mich doch andrerseits so in Anspruch, daß mir nicht einmal Urlaub nach Berlin zum Besuch meiner guten Mutter gegeben werden konnte. Ich hatte meine Mutter nur einmal bei unserm Durchmarsch durch Berlin auf kurze Zeit gesehen, und sie mußte selbst nach Spandau kommen, um mich zu sprechen, was diese zärtlich liebende Mutter auch wiederholt, und selbst zu Fuße dorthin gehend, tat. -

Der Hauptmann *von Bardeleben,* jetzt Generalleutnant und Gouverneur von Koblenz und Ehrenbreitstein, war damals Offizier des Platzes in Spandau. Es ist derselbe in militärischer Hinsicht ein nach jeder Richtung hin höchst ausgezeichneter Offizier und er gehört unstreitig zu den vorzüglichsten Generalen der preußischen Armee. Aber er war gleichzeitig ein sehr harter, unzugänglicher und in vielen Beziehungen tyrannischer Vorgesetzter. Er liebte niemanden und wurde deshalb auch wieder nicht geliebt, desto mehr aber gefürchtet. Er verbitterte seinen Untergebenen bei dem ohnehin anhaltenden Dienst das Leben und machte uns den unerwünschten Aufenthalt in Spandau um so drückender. Ob bei den obwaltenden Verhältnissen und Umständen eine so eiserne Strenge notwendig war, will ich hier unerörtert lassen. Genug, es war so. Vergebens gab ich mir alle Mühe, seine Zuneigung nur einigermaßen zu erwerben, allein es schien mir bald, daß er meiner Religion wegen noch eine ganz besondere Abneigung gegen mich habe, und mein desfallsiger Argwohn wurde in der Folge leider nur zu sehr gerechtfertigt. Ach, wie oft reute es mich, in Neiße meinem Schicksal vorgegriffen zu haben - wie oft dachte ich an Neiße und an mein dortiges so angenehmes Dienstverhältnis! Wäre ich in Neiße geblieben und hätte ich es ruhig abgewartet, die Zeit wäre gewiß bald gekommen, wo auch ich zur mobilen Feldartillerie geschickt worden wäre, wie es bei so vielen freiwilligen Artilleristen der Fall war, die mit mir in Neiße eintraten und zur Zeit meines Ausmarsches noch dort blieben. -

Ich und noch ein anderer Freiwilliger, Namens *Bocksfeldt,* trugen bittend darauf an, zur Feldartillerie abgehen zu dürfen, allein der Hauptmann v. B. ließ uns hart an und schlug uns unsere Bitte rund ab. Als wir nach einiger Zeit zum zweiten Male wagten, diese Bitte zu äußern, wurde er vollends aufgebracht und sagte unter anderem: »Wenn wir es uns noch einmal unterständen, diesen Wunsch auszusprechen, so würde er uns hinstecken, wo uns weder Sonne noch Mond beschiene, und uns Sr. Königl. Hoheit dem Prinzen August als widerspenstige Soldaten melden.«

Bei aller seiner Härte und Strenge ließ er aber dennoch seinen Untergebenen eine Anerkennung zukommen, wenn sich die Gelegenheit dazu darbot. Ich will hier nur folgende zwei mich betreffenden Fälle nicht unerwähnt lassen.

Um den beiden Artilleriekompanien, welche in Spandau standen, und namentlich dem jüngeren Teil derselben eine für den praktischen Dienst tüchtigere Ausbildung zu geben, ordnete er eine vollständige und sehr zweckmäßig eingerichtete Artillerie-Schießübung an, bei welcher er vorzugsweise sein Augenmerk auf die Bedienung, auf das Schießen und Werfen mit Belagerungs- und Festungsgeschützen und auf die Wirkung derselben richtete. Unser Dienst im Platze wurde natürlich hierdurch sehr vermehrt und um so beschwerlicher, allein wir lernten viel dabei und überzeugten uns von der Notwendigkeit dieser Übung. Vor dem Anfang einer solchen Übung mußten die Unteroffiziere und Bombardiere zusammentreten, um von einem Offizier über ein eben gegebenes Thema examiniert zu werden. Hier ging es in der Regel nicht nach Wunsch, und da besonders an einem der Übungstage die Fragen sehr ungenügend beantwortet wurden, so erklärte uns der Hauptmann v. B. auf das bestimmteste, einen jeden, der beim morgenden Examen wieder so schlecht bestände, auf das härteste zu bestrafen. Dieser Mangel an theoretischen Kenntnissen lag aber bei uns jungen Artilleristen weder an einem Mangel an Fleiß, noch an gutem Willen, und wie hätte es auch bei der kurzen Dienstzeit und bei dem ununterbrochenenen, anstrengenden Dienst anders sein können? Zumal wir sämtlich noch keine Artillerieschule besucht hatten und das Wenige nur durch Privatlektüre erlernen konnten. Den Abend desselben Tages kam der obenerwähnte Unteroffizier *Bocksfeldt* zu mir und brachte ein Heft über den Bau der Batterie vor Festungen mit. Ich lag mit fünf Artilleristen, nämlich drei Bombardieren und zwei Kanonieren, in einem Quartier. Er las uns das Heft vor. Ich hörte aufmerksam zu, weil mir der Gegenstand neu war und mich um so mehr interessierte. Den andern Morgen marschierte unsere Kompanie wieder mit schwerem Herzen nach dem Schießplatz. Mein edler Kompaniechef, welcher der angedrohten Strafe wegen wenigstens mich vom Examen befreien wollte, schickte mich auf dem Marsch mit einem Auftrage nach der Stadt zurück und befahl mir, später nachzukommen. Ich merkte sogleich diese wohlwollende Absicht, kehrte fröhlich um und kam erst wieder auf dem Schießplatze an, als ich wohl voraussetzen konnte, daß das Examen beendet war. Der Hauptmann v. B. sah mich ankommen, fragte sogleich, wo ich denn gewesen wäre, und sagte nach erhaltener Antwort zum Leutnant *Remschel* (meinem nachmaligen hochgeehrten und als Oberstleutnant verstorbenen Freund): »O, examinieren Sie doch den Unteroffizier Burg über - über - über den Batteriebau.« - Wer beschreibt mein freudiges Erstaunen, meinen raschen Wechsel von angstvoller Beklemmung zur fröhlichsten Stimmung? Das Examen begann, der Hauptmann v. B. stellte sich mir in einer drohenden Stellung gegenüber. Die vorgelegten Fragen erstreckten sich über die verschiedenen Arten von Batterien, über ihren Zweck, ihre Lage gegen die Festung, über das dazu erforderliche Material, über die Abmessungen der verschiedenen Teile derselben, über den Bau der dazugehörigen Pulvermagazine u. dgl. m. Meine Antworten waren, wie es sich bei der kurzen Zeit, in welcher ich das alles frisch in mein Gedächtnis aufgenommen hatte, wohl von selbst versteht, nicht nur richtig, sondern erfolgten Schlag auf Schlag. Der Hauptmann von Bardeleben wurde immer freundlicher und gab mir am Schlusse des Examens seine vollkommene Zufriedenheit mit demselben zu erkennen. Nach beendetem Schießen wurde ich von ihm nochmals öffentlich belobt und den andern als Muster vorgestellt. Mehrere meiner armen Kameraden wurden, die er an demselben Morgen über ein anderes Thema examinieren ließ, mit Mittelarrest bestraft. Ich habe dieses an sich geringfügige, für mich aber wichtige, Ereignis keineswegs als einen bloßen Zufall betrachtet - vielmehr dem allgütigen Gott für diese gnädige Fürsorge, die Er mir angedeihen ließ, inbrünstig gedankt.

Der andere Fall, von welchem oben gesprochen worden, war folgender: Um den sehr nahen Feind möglichst weit von Spandau abhalten zu können, waren in einer gewissen Entfernung von der Stadt und Festung mehrere Schanzen aufgeworfen und mit Geschützen besetzt worden. Eines Abends nach 9 Uhr ließ mich der Hauptmann v. B. rufen. Ich fand ihn vor seiner Türe, von mehreren Offizieren umgeben. Er sagte zu mir: »Sie gehen sogleich zum Feldwebel, lassen sich sechs Kanoniere geben und gehen mit denselben nach der Schanze, die er benannte. Dort werden Sie eine französische vierpfündige, eine zwölfpfündige Kanone und eine Haubitze finden. Sie komplettieren nur die erstere, aber vollständig, lassen zwei Mann bei derselben und nehmen vier Mann zur Ablösung mit sich nach der von der Infanterie errichteten Piketwache, wo sie sich aufhalten können. Sie instruieren die Leute dahin, daß sie unausgesetzt das vorliegende Terrain beobachten, damit sich nichts Verdächtiges der Festung nähere. Glauben sie etwas der Art zu bemerken, so macht einer der beiden Kanoniere Ihnen die Meldung, während der andere beim Geschütz bleibt. Sie begeben sich sogleich dorthin, überzeugen sich selbst, und wenn Sie die Meldung für begründet halten, so schießen Sie sogleich nach dem bezeichneten Ort. Es kommt dabei weniger darauf an, daß Sie treffen, als vielmehr die Festung zu alarmieren und den Kommandanten in Kenntnis zu setzen. Das Schießen wird so lange fortgesetzt, bis ein anderer Befehl ankommt. Haben Sie mich verstanden?« - »Zu Befehl.« - »Nun so gehen Sie.« Es war eine sehr rauhe und stürmische Nacht, und es mochte so wohl gegen 11 Uhr sein, als ich auf dem mir bestimmten Posten ankam. Ich fand das Infanteriepiket dort, stellte meine Leute an und instruierte sie demgemäß. Da ich aber nicht mit Licht in das Pulvermagazin der Schanze gehen wollte, auch in meinem jugendlichen Leichtsinn dachte: die Franzosen werden wohl heut Nacht nicht kommen, so versäumte ich es, den Vierpfünder zu komplettieren, und legte mich in der von der Infanterie erbauten Hütte, auf's Stroh. Gegen 1 Uhr ruft der vor dem Gewehr stehende Infanterist »Raus« - und kurze Zeit darauf höre ich draußen die Stimme des Hauptmanns von Bardeleben: »Na, wo hat denn der Teufel den Unteroffizier Burg?« Er war zu Pferde, hatte eine reitende Ordonnanz bei sich und befahl mir, ihm nach der ungefähr 300 Schritt entfernt stehenden Kanone zu folgen, er wollte sich selbst überzeugen, ob alles in der gehörigen Ordnung sei. »Soll ich ein Licht mitnehmen?« »Welche alberne Frage, damit der sich vielleicht in der Nähe aufhaltende Feind wohl sehen kann, daß wir auf unserer Hut sind! Wenn alles gehörig besorgt ist, kann und muß man das Übrige im Finstern abmachen können.« Er ritt vorauf, ich folgte mit einer namenlosen Angst und richtete ein brünstiges Gebet zu Gott. Es war vielleicht der sauerste Gang, den ich in meinem Leben zurückgelegt habe. In dem kleinen Pulvermagazin stand nämlich die Munition für alle drei Geschütze in verschiedenen Kasten übereinander. Ich war zwar schon früher in demselben gewesen, allein ich wußte durchaus nicht, in welchem Kasten die zum Vierpfünder gehörenden Schüsse aufbewahrt waren. Ich hatte vorher nichts besorgt, nichts zurecht gelegt, lange suchen durfte ich nicht, das wußte ich recht gut. Meine ganze Zukunft zeigte sich in den schwärzesten Farben vor mir. Fand er mich auf dem faulen Pferde, auf welches meine Fahrlässigkeit mich gebracht hatte, so war es um mich geschehen. Ich kannte seine unerbittliche Strenge und wußte, daß ich in Friedenszeiten vielleicht einen vierzehntägigen Arrest für mein Vergehen, aber im vorliegenden so ernsthaften Fall nach den Kriegsartikeln zum Gemeinen degradiert und auf die Festung kommen würde. Daß ich alsdann niemals Offizier werden konnte, verstand sich deshalb von selbst. – Nachdem wir angekommen und ich mit zitternden Händen das Magazin aufgeschlossen hatte, sagte er: »Bringen Sie mir einen vierpfündigen Kugelschuß.« Ich öffnete den ersten sich mir darbietenden Kasten, nahm auf gut Glück einen Kugelschuß heraus und bringe ihm denselben. Er überzeugte sich, daß es ein vierpfündiger war, gab ihn mir zurück und sagte: »Es ist gut. Bringen Sie mir einen vierpfündigen Kartätschschuß.« Ich ging willkürlich zu einem andern Kasten, öffnete denselben, nahm einen Schuß heraus, es war der, den ich suchte. Als ich ihn dem Hauptmann von Bardeleben brachte, sagte er wieder: »Es ist gut. Zeigen Sie mir eine völlig komplettierte Schlagröhrtasche.« Wo diese im Finstern hernehmen? Ich ging in das Magazin, griff nach der Wand und traf sogleich auf eine Schlagröhrtasche, – sie war völlig komplettiert. »Wo ist die Reserve-Puderdose?« Ich ging wieder in den finstern Raum, griff nach einem Winkel an der Erde und habe eine Reserve-Puderdose in der Hand, die ich sogleich vorzeigen konnte. »Wo haben Sie die Luntenstöcke?« »Sie stehen im Magazin.« »Zeigen Sie sie mir.« »Hier sind sie.« »Warum stehen die Luntenstöcke nicht beim Geschütz, wie es nach der Vorschrift sein soll?« – »Es schien mir heute Nacht zu feucht, um sie längere Zeit im Freien stehen zu lassen.« – Er stieg vom Pferde, reichte mir die Hand, indem er sprach: »Ich danke Ihnen. Sie sind ein junger Mann, der denken kann.« Hierauf setzte er sich wieder zu Pferde und ritt mit seinem Begleiter davon. Ich aber stürzte, als er in das Dunkel der Nacht entschwunden war, auf meine Knie und dankte dem allbarmherzigen Gott für diese so überaus wunderbare Errettung. Frohen Mutes kam ich nach dem Infanteriepiket zurück, legte mich still dankend und denkend wieder aufs Stroh, konnte aber nicht einschlafen, ich war über das mir Begegnete viel zu aufgeregt. – Den andern Tag wurde ich bei der Parole öffentlich belobt. – Die den Hauptmann v. B. begleitende Ordonnanz erzählte mir den andern Tag, daß er einen Unteroffizier, der auf einen andern Posten kommandiert war, totstechen wollte, weil er ihm die Reserve-Puderdose nicht sogleich vorzeigen konnte.

Nach diesen beiden Begebenheiten und nach andern minder wesentlichen Vorfällen, die sich mir darboten und mir Gelegenheit gaben, mich dem Hauptmann v. B. von einer vorteilhaften Seite zeigen zu können, glaubte ich seine Zuneigung erhalten zu haben, allein ich war im Irrtum. Vom General Decker war nämlich aus Neiße der Befehl nach Spandau gekommen, sofort diejenigen jungen Leute, welche sich zu Offizieren eignen dürften, in Vorschlag zu bringen, weil bei der Armee ein großer Mangel an Artillerieoffizieren eingetreten war. Zu dem Ende wurde vom Hauptmann von Bardeleben eine Wahlkonferenz anberaumt, und ich erfuhr, daß ich, ungeachtet meiner so kurzen Dienstzeit, von den Offizieren der Festung gewählt und in Vorschlag gebracht werden sollte. Der Hauptmann von Bardeleben war Vorsitzender in dieser Konferenz und widersetzte sich meiner Wahl auf das Entschiedenste. »Ich habe im allgemeinen nichts gegen den Burg einzuwenden, aber es ist ein Jude. Ich bin Artillerieoffizier, und so lange ich etwas zu sagen habe, soll kein Jude Offizier in der Artillerie werden.« Das waren seine Worte. Er besaß die Kraft der Rede, er hatte zu viel Ansehen, war zu gefürchtet, als daß die jüngeren Offiziere sich meinetwegen seinen sie vielleicht teilweise überzeugenden Ansichten widersetzen sollten. Mein edler Gönner, der Premierleutnant Conradi, war bereits seit einigen Wochen zum Hauptmann avanciert und zur Feldartillerie versetzt worden. Wäre er bei dem Wahlakt zugegen gewesen, er würde vielleicht durch seinen Einfluß der Wahl eine für mich günstigere Wendung gegeben haben. Kurz, ich wurde nicht mit den andern jungen Leuten vorgeschlagen. Dieses mir zugefügte Unrecht erfuhr ich erst viel später von einigen mir wohlwollenden Offizieren, welche beim Wahlakt gegenwärtig waren, als nämlich vom General Decker aus Neiße angefragt wurde, warum der Unteroffizier Burg nicht auf der Liste der Offizierskandidaten stände? Der wahre Grund meiner Zurücksetzung wurde zwar nach Neiße berichtet, allein er traf erst dort ein, als der Vorschlag zur Offizierbeförderung bereits an Se. Majestät abgegangen war und ich nun nicht füglich nachträglich eingegeben werden konnte. Ich diente zwar erst neun Monate, hatte mithin noch kein Recht, irgend einen Anspruch auf meine Beförderung zum Artillerieoffizier zu machen, hatte auch das desfallsige Examen noch nicht abgelegt, noch nicht ablegen können, aber es war mir dessenungeachtet sehr betrübend und schmerzlich, als ich die Bemerkung machen mußte, daß meine Religion mir hier, wie bei dem Garde-Normal-Bataillon, also zum zweiten Male hindernd in den Weg trat.

Der Hauptmann von Bardeleben erhielt bald darauf eine andere Bestimmung. Er verließ Spandau zu unserer sehr großen Freude, und an seiner Stelle wurde der Major *v. Scholten* Artillerieoffizier des Platzes. Der Charakter dieses edlen Mannes war dem seines Vorgängers gerade entgegengesetzt. Er war der liebevollste und humanste Vorgesetzte. Es fand sich auch bald eine Gelegenheit, bei welcher er mich aus der Zahl der Unteroffiziere näher kennen lernte, und diese Bekanntschaft bildete gewissermaßen den Wendepunkt meiner militärischen Laufbahn.

Der Kriegsschauplatz hatte sich unterdessen mehr nach Westen gezogen, und Spandau war außer Gefahr. Der Dienst wurde natürlich nun geregelter und nicht mehr mit solcher Hast getrieben, und wiewohl wir noch immer manche Beschwerden zu ertragen und sehr viel zu tun hatten,

- A -

König Friedrich Wilhelm III. von Preußen (1770–1840)

- B -

An Mein Volk.

So wenig für Mein treues Volk, als für Deutsche, bedarf es einer Rechenschaft über die Ursachen des Krieges, welcher jetzt beginnt. Klar liegen sie dem unverblendeten Europa vor Augen.

Wir erlagen unter der Uebermacht Frankreichs. Der Frieden, der die Hälfte meiner Unterthanen mir entriß, gab uns seine Segnungen nicht; denn er schlug uns tiefere Wunden, als selbst der Krieg. Das Mark des Landes ward ausgesogen. Die Haupt-Festungen blieben vom Feinde besetzt, der Ackerbau ward gelähmt, so wie der sonst so hoch gebrachte Kunstfleiß unserer Städte. Die Freiheit des Handels ward gehemmt, und dadurch die Quelle des Erwerbes und des Wohlstandes verstopft. Das Land ward ein Raub der Verarmung.

Durch die strengste Erfüllung eingegangener Verbindlichkeiten hoffte ich, meinem Volke Erleichterungen zu bereiten und den französischen Kaiser endlich zu überzeugen, daß es sein eigener Vortheil sey, Preußen seine Unabhängigkeit zu lassen. Aber meine reinsten Absichten wurden durch Uebermuth und Treulosigkeit vereitelt, und nur zu deutlich sahen wir, daß des Kaisers Verträge mehr noch wie seine Kriege uns langsam verderben mußten; jetzt ist der Augenblick gekommen, wo alle Täuschung über unsern Zustand aufhört.

Brandenburger, Preußen, Schlesier, Pommern, Litthauer! Ihr wißt, was ihr seit 7 Jahren erduldet habt, ihr wißt, was euer trauriges Loos ist, wenn wir den beginnenden Kampf nicht ehrenvoll enden, erinnert euch an die Vorzeit, an den großen Kurfürsten, den großen Friedrich. Bleibet eingedenk der Güter, die unter ihnen unsere Vorfahren blutig erkämpften, Gewissensfreiheit, Ehre, Unabhängigkeit, Handel, Kunstfleiß und Wissenschaft. Gedenkt des großen Beispiels unserer mächtigen Verbündeten, der Russen, gedenkt der Spanier und Portugiesen, selbst kleine Völker sind für gleiche Güter gegen mächtigere Feinde in den Kampf gezogen und haben den Sieg errungen, erinnert euch an die heldenmüthigen Schweizer und Niederländer.

Große Opfer werden von allen Ständen gefordert werden, denn unser Beginnen ist groß, und nicht gering die Zahl und die Mittel unserer Feinde. Ihr werdet jene lieber bringen für das Vaterland, für euren angeborenen König, als für einen fremden Herrscher, der, wie so viele Beispiele lehren, eure Söhne und eure letzten Kräfte Zwecken widmen würde, die euch ganz fremd sind. Vertrauen auf Gott, Ausdauer, Muth und der mächtige Beistand unserer Bundesgenossen, werden unseren redlichen Anstrengungen siegreichen Lohn gewähren!

Aber welche Opfer auch von einzelnen gefordert werden mögen, sie wiegen die heiligen Güter nicht auf, für die wir sie hingeben, für die wir streiten und siegen müssen, wenn wir nicht aufhören wollen Preußen und Deutsche zu seyn.

Es ist der letzte entscheidende Kampf den wir bestehen, für unsere Existenz, unsere Unabhängigkeit, unsern Wohlstand. Keinen andern Ausweg giebt es, als einen ehrenvollen Frieden, oder einen ruhmvollen Untergang. Auch diesem würdet ihr getrost entgegen gehen, um der Ehre willen, weil ehrlos der Preuße und der Deutsche nicht zu leben vermag. Allein wir dürfen mit Zuversicht vertrauen, Gott und unser fester Wille werden unserer gerechten Sache den Sieg verleihen, mit ihm einen sicheren glorreichen Frieden, und die Wiederkehr einer glücklichern Zeit.

Breslau, den 17ten März 1813.

Friedrich Wilhelm.

Dem Aufruf des Königs zu den Waffen vom 9. Februar 1813 folgte freiwillig der Kondukteur Meno Burg am 14. Februar 1813. Am 17. März 1813 erließ der König den Aufruf »An mein Volk«.

- C -

Prinz August von Preußen (1779–1843)
Seit 1808 General und Chef der Artillerie, ab 1816 Generalinspekteur der Artillerie und Kurator der Vereinigten Artillerie- und Ingenieurschule

- D -

In der Festungsstadt Neiße begann die militärische Karriere von Meno Burg als Bombardier bei der preußischen Artillerie.

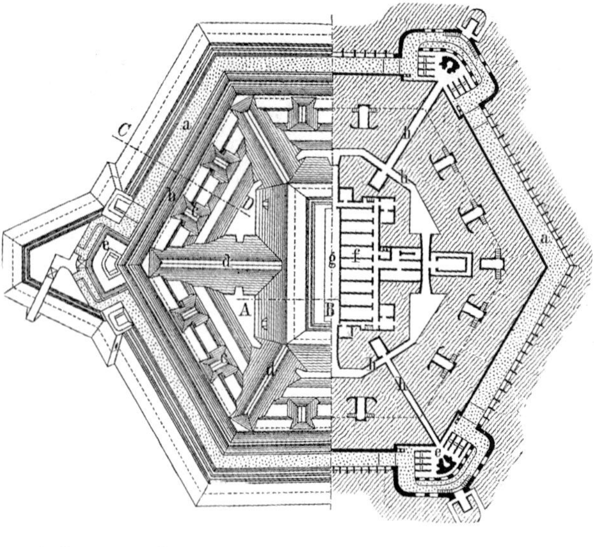

Grundriß eines Sperrforts:
a *Graben,* b *Hauptwall,* c *Traversen,* d *Saillanttraversen,*
e *Kaponnieren,* f *Kasematten,* g *Hofraum,* h *Poternen*

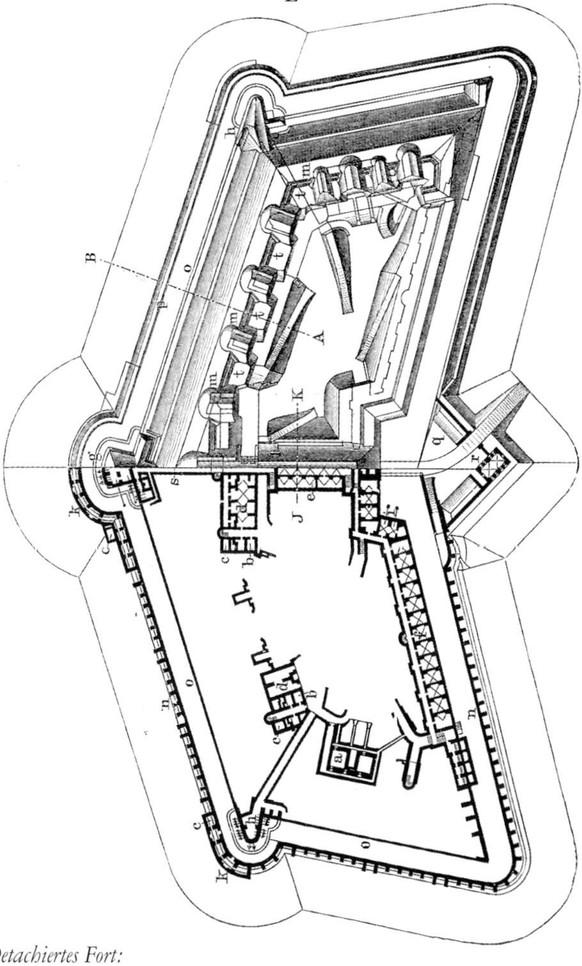

Detachiertes Fort:
a *Kriegspulvermagazin,* b *Geschoßladestelle,* c *Verbrauchspulvermagazin,* d *Speziallaboratorium,* e *Vorratsräume oder Kriegspulvermagazin,* f *Kehlkaserne,* g *Saillantkaponniere,* h *Schulterkaponnieren,* i *Flankenbatterie,* k *Reversgalerie,* l *Kapital- oder Mitteltraverse,* m *Traversen,* n *Dechargen-Kontreskarpe,* o *freistehende Eskarpenmauer,* p Rondengang, q *Kehlwaffenplatz,* r *Blockhaus (s. d.),* s Mittelpoterne, t *Geschützbänke.*

Im Vordergrund die Hauptwache der Artillerie vor ihrem Umbau. Im Hintergrund der Kopfbau des Prinzessinnenpalais' und die Kuppel der Hedwigskirche. 1818 errichtete Karl Friedrich Schinkel anstelle der alten Kanonierwache die Neue Wache.

Das von Schlüter umgebaute Gießhaus, ab 1816 Sitz der Vereinigten Artillerie- und Ingenieurschule. Im Hintergrund der Turm der alten Schloß- und Domkirche.

Vereinigte Artillerie- und Ingenieurschule, Unter den Linden 74.
Am 10. Oktober 1823 wurde der Direktion der Neubau der Schule feierlich übergeben.

- H -

Die Kaserne der Garde-Artillerie am Kupfergraben um 1840.
Im Offizierskorps der Garde-Artilleriebrigade war Meno Burg stets ein gerngesehener Gast.

indem wir unter anderem auch für den Bedarf der Armee eine große Anzahl von Munition anfertigen mußten, so atmeten wir doch wieder freier auf, fühlten uns weniger beengt, viel froher, wie dieses auch nach dem ausgestandenen Druck, unter dem jetzigen Befehl des so liebenswürdigen und gerechten Majors von Scholten nicht anders sein konnte. Er unterhielt sich manchmal außer dem Dienst mit mir über meine früheren Verhältnisse, er lud mich zu sich ein und trug mir auf, seinem ältesten Sohn (jetzt Major der Artillerie) Unterricht zu erteilen. So verstrich nun der letzte Teil des Sommers und der darauf folgende Winter, ohne daß sich etwas Besonderes oder Bemerkenswertes in meinen verschiedenen Dienstverhältnissen ereignet hätte. Ich war während dieser Zeit zu einigen Pulver- und Munitionstransporten, die teils zu Lande, teils zu Wasser ausgeführt wurden, kommandiert worden und gab an einigen Nachmittagen der Woche den Kanonieren in der Kompanieschule Unterricht im Schreiben, Rechnen und in den Anfangsgründen der Artillerie, zu dessen Vorbereitung ich, bei meiner damaligen Unkenntnis in dieser Wissenschaft, oft die Nächte zu Hilfe nehmen mußte. Außerdem mußten wir fleißig exerzieren, die uns übertragenen Wachen beziehen und die zur völligen Instandsetzung der Festung nötigen Arbeiten verrichten. Meine wiederholt angebrachten Bitten, mich zur Feldartillerie zu versetzen, blieben auch hier unberücksichtigt, und ich wurde jetzt wie damals damit vertröstet, daß ich ruhig abwarten solle, bis die Zeit kommen würde. Allein die Zeit kam nicht. - Paris wurde erobert. Den 31. März 1814 hielt das verbündete Heer seinen Einzug und wir mußten von den Wällen Spandaus - Viktoria schießen! - - Was ich dabei empfand, vermag ich nicht zu beschreiben, so verschiedene Gefühle durchkreuzten sich in mir, und ich konnte, abwesend vom Kriegsschauplatz, die volle Freude nicht ganz empfinden, den Triumph nicht ganz teilen. –

Es war im September 1814, als der Major von Scholten mich rufen ließ und mir mitteilte, daß für den nächsten Winter auf Befehl Sr. K. H. des Prinzen August eine Brigadeschule der Artillerie in Berlin errichtet werden solle und daß er beabsichtige, mich als Lehrer der Mathematik für die erste Klasse derselben in Vorschlag zu bringen, insofern es nämlich mit meinen Wünschen übereinstimme. Er bemerkte dabei, daß dieser Unterricht bis jetzt immer nur von Offizieren erteilt worden wäre, daß diese aber bei dem großen Mangel an Offizieren weder von den mobilen Batterien, noch von den andern ihnen zugeteilten Beschäftigungen abkommandiert werden könnten, ich mithin der erste Unteroffizier sei, dem man den Unterricht anvertraue, und also schon in dieser Hinsicht einen schwierigen Stand haben würde. Er trug mir auf, alles diesen Vorschlag Betreffende mir reiflich zu überlegen und ihm morgen bei der Parole meinen Entschluß mitzuteilen. Ich tat, wie er mir geraten, und das Ergebnis war, daß ich am andern Tag ihm eröffnete, daß ich mit großer Bereitwilligkeit den für mich so erwünschten als ehrenvollen Unterricht übernehmen wolle.

Nach Verlauf von einigen Wochen, in welchen die desfallsige Korrespondenz beendet war, marschierte ich mit noch sechs andern jungen Artilleristen, teils Unteroffizieren, teils Bombardieren, welche zur Schule kommandiert waren, von Spandau nach Berlin. Wer uns so auf der Landstraße, mit Tornister, Mantel und Gewehr bepackt, begegnete, würde wahrlich in meiner Person den Lehrer der Mathematik in der ersten Klasse der Königlichen Artillerie-Brigadeschule zu Berlin nicht herausgefunden haben, indem ich mich auch nicht der mindesten Bevorzugung vor meinen mit mir marschierenden Schülern zu erfreuen hatte. Das Verhältnis, in welchem ich mich befand, fiel mir zwar auf, allein ich dachte, es müsse so sein, und schritt munter und fröhlichen Sinnes vorwärts, mehr an meinen Unterricht als an meine Stellung denkend. Aber auch den zukünftigen Schülern, mit welchen ich in Spandau täglich zusammen war und von welchen sogar zwei mit mir in demselben Quartier lagen, war dies Verhältnis ebenso neu als überraschend, indem ich es stets vermied, mich in wissenschaftlicher Beziehung über sie zu erheben, der Inhalt unserer Gespräche vielmehr von der Art war, wie er in Soldatenquartieren in der Regel zu sein pflegt, so daß sie sich in der Folge verwundernd darüber aussprachen, daß ich sie meine mathematischen Kenntnisse niemals hätte merken lassen, niemals mit ihnen davon gesprochen hätte.

In Berlin angekommen, wurde mir ein kleines Stübchen im Gießhause als Wohnung überwiesen. In diesem Gebäude war auch das Schullokal; es nahm einen Teil der oberen Etage ein. Den andern Tag sah ich auf der Parole vor dem Zeughause die versammelten Brigadeschüler. Mir wurde angst und bange. - Es waren dies größtenteils kräftige, zum Teil schon bärtige, auch wohl mit dem Eisernen Kreuz oder mit andern Orden geschmückte junge Männer, welche eben aus dem Kriege gekommen und von ihren mobilen Feldbatterien, die in nicht allzuweiten Entfernungen von Berlin in Kantonnements lagen, zur Schule kommandiert waren. Sie waren in zwei Reihen aufgestellt, hatten ein kräftiges, mutiges, von der Sonne gebräuntes Aussehen und eine treffliche militärische Haltung. Vor dem Anblick dieser jungen Männer, welche jetzt meine Schüler werden sollten, wurde ich dermaßen überrascht, daß ich dem Direktor der Schule (Hauptmann *Vogt,* jetzt als Oberstleutnant verabschiedet) sogleich meine Besorgnis, diesen jungen Leuten gegenüber ohne irgend eine andere Autorität als die des Lehrers aufzutreten, nicht verhehlte. Denn von einer militärischen Subordination konnte hier um so weniger die Rede sein, indem die meisten von ihnen mit mir auf gleicher Stufe und sogar einige schon Portepeefähnriche waren, mithin im Range höher als ich standen. Der Hauptmann Vogt beruhigte mich indessen vollkommen, rühmte den guten Geist der jungen Männer und setzte hinzu, daß ich meinen Unterricht nur getrost und dem in mich gesetzten Vertrauen entsprechend erteilen sollte, für das andere mich dabei Beunruhigende werde er schon sorgen. Ich benutzte nun noch die Tage bis zum Beginn des Unterrichts, um mich möglichst vollständig zu demselben vorzubereiten, bat den allgütigen Gott um seinen Beistand und betrat an dem bestimmten Tag mutig und mit Zuversicht, doch nicht ohne eine gewisse Beklommenheit, das Katheder. Mein Auditorium bestand aus 54 Artilleristen von verschiedenen Graden, und der Unterricht umfaßte die reine Mathematik und so viel von der angewandten, als damals zur Ablegung des Offizierexamens erforderlich war.

Ich werde und ich kann diesen meinen *ersten* öffentlichen Unterricht, den ich im Artilleriekorps zu geben die Ehre und die Genugtuung hatte, und vorzugsweise meine damaligen, mir so überaus teuer gewordenen Schüler niemals vergessen. Mit der ungeteiltesten Aufmerksamkeit und mit dem lobenswertesten Fleiße folgten sie meinen Vorträgen, und es fiel während der ganzen Dauer des Unterrichts auch nicht das *Allermindeste* vor, was nur in der weitesten Entfernung irgend eine Unzufriedenheit oder Störung oder Klage hätte herbeiführen können. Mit einer namenlosen und inneren Freude gedenke ich dieser schönen Zeit, in welcher ich zuerst als öffentlicher Lehrer auftrat; nichts kann diese wohltuende Erinnerung aus meinem Herzen verdrängen, sowie nichts diesen ersten, frischen, nachhaltigen Eindruck aus meinem Herzen zu verwischen vermag. Deshalb ist mir aber auch jeder meiner damaligen Schüler besonders lieb und wert. Mit einem eigentümlich freudigen Gefühl sehe ich einige derselben jetzt als gereifte Männer nach einer so langen und bewegten Zeit wieder, und mit dankbarer Herzlichkeit begrüßen sie in mir ihren alten und treuen Lehrer. Mehrere von ihnen dienen noch in der Artillerie, einige sind, gleich mir, jetzt Stabsoffiziere der Waffe, andere befinden sich im Zivildienst, und ein Teil von ihnen ist bereits verstorben. – Ich werde und ich kann, wie schon dargetan, diese schöne Zeit, diesen ersten Unterricht, diese Schüler nun und nimmermehr vergessen.*) –

---

*) Indem ich heute, am 18. März 1853, meine älteren Papiere durchsehe und dabei das Zirkular vorfinde, welches ich in jener Zeit bei meinen damaligen Schülern behufs eines ihnen zu erteilenden Privatunterrichtes in Umlauf setzte, fällt mir ein, ob es nicht vielleicht von Interesse sein dürfte, wenn ich dieses Zirkular mit den sich darunter befindlichen eigenhändigen Unterschriften jener Herren dieser im Jahre 1847 geschriebenen Geschichte meines Dienstlebens hier hinzufügte. Die von mir verehrten Herren werden beim etwaigen Durchlesen dieser Blätter zugleich aus denselben entnehmen, wie wert und teuer sie mir stets geblieben sind und wie die schöne Zeit unseres Beisammenseins meinem Gedächtnis niemals entschwunden ist. Bei den Namen derjenigen meiner damaligen Schüler, deren jetzige Stellung mir bekannt ist, habe ich dieselbe hinzugefügt, ebenso bei denen, von deren Ableben ich Kenntnis erhalten habe. Da, wo ich über beides in Unkenntnis bin, ist nur der Name abgedruckt worden.

Außerdem, daß dieser Unterricht durch den günstigen Erfolg dessen er sich zu erfreuen hatte und durch die Zufriedenstellung meiner Schüler die Veranlassung war, daß ich im Artilleriekorps bekannter wurde, mir gewissermaßen schon als Unteroffizier einen Namen in demselben verschaffen konnte, hatte er noch den unberechenbaren Vorteil für mich, daß derselbe Seiner Königl. Hoheit dem Prinzen August Gelegenheit gab, mich seiner gnädigen Aufmerksamkeit zu würdigen. Ungeachtet der vielen Geschäfte, mit welchen dieser stets tätige, stets dem königlichen Dienst sich ganz hingebende Prinz vornehmlich in

---

Zirkular für die Schüler der ersten Klasse der Königlichen Brigadeschule zu Berlin.

Von mehreren meiner Herren Zuhörer aufgefordert, ihnen noch besonders Privatunterricht in der *angewandten Mathematik* zu erteilen, indem der Unterricht in der reinen Mathematik die gegebene Zeit so ausfülle, daß für jenen Unterricht nur eine sehr kurze Zeit übrig bleiben würde, faßte ich den Entschluß, um diesen Unterricht so gemeinnützig als irgend möglich zu machen, denselben *öffentlich* zu halten, und zwar im Lokale der ersten Klasse der Brigadeschule, woran alsdann sämtliche Herren dieser Klasse teilnehmen können, wenn es anders ihre Zeit erlaubt.

Ich bin willens, einen kurzen Auszug aus das Statik und Mechanik durchzunehmen, und vorzugsweise diejenigen Gegenstände vorzutragen, welche in der Artillerie am häufigsten ihre Anwendung finden und deren Kenntnis man mit Recht von jedem gebildeten Artilleristen fordern kann.

Ich habe dabei keine andere Absicht als die, meinen Kameraden, soviel es in meinen Kräften steht, nützlich zu werden, und lege *keine andere Bedingung* zum Grunde als die, mir ihr Zutrauen und ihre Aufmerksamkeit zu schenken, sowie ich vorzüglich auf diejenigen Herren Rücksicht nehmen werde, welche in kurzer Zeit ihre Offizierprüfungen zu bestehen haben.

Für diesen Unterricht habe ich die Zeit von 4–5 Uhr nachmittags festgesetzt, und zwar viermal in der Woche, nämlich Montag, Dienstag, Donnerstag und Freitag, und werde demnach heute Dienstag den Anfang machen. Jedoch will ich hierbei noch bemerken, daß derselbe nur als ein Privatkollegium zu betrachten und mithin der Besuch desselben durchaus von der Willkür jedes einzelnen abhängig ist.

dieser Zeit überhäuft war, besuchte er dennoch den Unterricht zuweilen und gab mir wiederholt in den huldvollsten Äußerungen seine Zufriedenheit mit dem Ergebnis desselben zu erkennen. Ob er sich meiner vielleicht noch erin-

---

Diejenigen meiner Herren Zuhörer, für welche diese Aufforderung angenehm ist und die an dem genannten Unterricht teilnehmen wollen, ersuche ich, ihren Namen zu unterschreiben, und bitte zugleich, es zu bemerken, wenn jemand in Hinsicht der Zeit oder der durchzunehmenden Gegenstände noch etwas zu wünschen oder hinzuzufügen haben sollte.

Berlin, den 4. April 1815. *Burg,*
Unteroffizier

Unterschriften:

1. Rauch, als Auktions-Kommissar in Berlin verstorben. 2. Gurlt. 3. Westphalen, Leutnant in der Artillerie. 4. Wesenberg, ebenso. 5. von Schorlemmer, Major a. D. 6. Lange, zuletzt Hauptmann in der Artillerie. 7. von Prittwitz, Major im 8. Artillerieregiment und Kommandeur der Festungsartillerieabteilung. 8. Schülein, Hauptmann im 2. Artillerieregiment. 9. von Scholten, Oberstleutnant und Kommandeur des 6. Artillerieregiments. 10. Keltz, als Hauptmann im 2. Art.-Regt. gestorben. 11. von Bockelberg, zuletzt Major im 2. Garde-Ulanenregiment. 12. Seyffert, zuletzt Hauptmann im 6. Art.-Regt. 13. Justi, zuletzt Leutnant in der Artillerie. 14. Schäfer, ebenso. 15. Hayn, ebenso. 16. Grametz, ebenso. 17. Kindler, Major im 5. Art.-Regt. 18. von Garnier, zuletzt Leutnant im 6. Art.-Regt. 19. Scholz. 20. Behr. 21. Schneppe, Major a. D. 22. Wagner. 23. Rodhe. 24. Schulz, Major a. D. 25. Sperling, Major im 8. Art.-Regt. 26. Deetz, Major im 3. Art.-Regt. und Kommandant in Frankfurt a. M. 27. Warnke, zuletzt Hauptmann in der Artillerie. 28. Monsky. 29. v. Salava, zuletzt Leutnant im 6. Art.-Regt. 30. von Stockmanns, ebenso. 31. Tielemann, ebenso. 32. Törpe. 33. Nay. 34. Pohlmann, zuletzt Polizeibeamter in Charlottenburg. 35. v. Frankenberg. 36. Röhl, Major a. D. 37. Springer, Hauptmann und Artillerie-Offizier von Graudenz. 38. Schmidt, Major a. D. 39. Riemann, als Leutnant a. D. verstorben. 40. Ebener. 41. v. Hertig. 42. Kühne. 43. Hüsenett. 44. Schulz. 45. Necker. 46. Zimmermann, Major im 4. Art.-Regt. 47. Perlitz. 48. Schmidt, zuletzt Leutnant in der Artillerie. 49. Rütenick. 50. Gsellius, als Polizeirat in Berlin verstorben.

nerte, weiß ich nicht, er sprach niemals davon, aber so viel weiß ich, daß dieser hochherzige, mit glorreichem Ruhm gekrönte, tapfere Prinz von dieser Zeit an mir unzählige Beweise seiner Gnade und seines Wohlwollens angedeihen ließ. O, währe es mir doch jemals vergönnt gewesen, meine unbegrenzte Dankbarkeit, welche mich für diesen erlauchten Fürsten stets belebte, an den Tag legen zu können! -

Der Winter von 1814 bis 1815 war aber auch insofern erfolgreich für mich, als ich während desselben mein Examen zum Artillerieoffizier, zu welchem ich von mehreren mich näher kennenden Offizieren ermuntert wurde, ablegte. Getrost und unbefangen meldete ich mich zu demselben, wurde ohne alle Umstände angenommen und bestand in demselben zur völligen Zufriedenheit meiner Examinatoren. Es war demnach meine Religion weder ein Hindernis zu meiner Anstellung als öffentlicher Leher, noch zur Ablegung des Offizierexamens, obgleich meine Vorgesetzten, meine Schüler und meine Examinatoren vollkommen Kenntnis davon hatten. Die Vorbereitungen zu diesem Examen kosteten mich natürlich viele Anstrengungen und manche Nacht, indem der Unterricht in der Mathematik auf der Brigadeschule nicht unterbrochen werden durfte und ich nur unter dieser Bedingung die Erlaubnis dazu erhielt.

Bevor ich in der Geschichte meines Dienstlebens fortfahre, will ich noch einen, an sich sehr unbedeutenden, mich aber damals unangenehm berührenden Zwischenfall mitteilen.

An einem Wintermorgen sitze ich in meinem Stübchen, um mich zu dem im Laufe des Vormittags zu gebenden mathematischen Unterricht vorzubereiten. Mit einem Male höre ich in dem anstoßenden großen Hörsaal viele Fußtritte von einer größern Anzahl von Personen, die sich in demselben versammeln. Da es die Brigadeschüler nicht sein konnten, indem es zum Beginn des Unterrichts noch viel zu früh war, so achtete ich nicht weiter darauf und setzte meine Studien unbekümmert fort. Doch nach einigen Sekunden ertönt eine herrliche Militärmusik. Das war mir denn doch zu auffallend. Ich öffne demnach die kleine Türe, welche von meinem Stübchen in den Hörsaal führte, und trete hinein. Der Direktor der Kapelle, der mich sofort erblickte, ließ die Musik weiter spielen, trat aber zu mir heran und sagte mit lauter Stimme: »Das Musikkorps der Gardeartillerie beehrt sich dem Herrn Leutnant zu gratulieren.« Ich erwiderte, daß nicht ich, sondern der Unteroffizier Bocksfeldt Offizier geworden sei. Der Direktor winkte bedeutsam mit der Hand, die Instrumente verstummten plötzlich, die Hoboisten entfernten sich schneller als sie gekommen waren, ich aber ging verstimmt in mein Stübchen zurück, um mich weiter vorzubereiten. Wie ich an diesem Tage vorgetragen habe, kann ich jetzt wahrlich nicht berichten.

Am 1. März 1815 landete der nach der Insel Elba verwiesene Kaiser *Napoleon* in Frankreich. Die Nachricht hiervon wurde von den Brigadeschülern mit einem unendlichen Enthusiasmus aufgenommen, jedoch der Unterricht ununterbrochen bis zu seiner Beendigung fortgesetzt. Da es mit Gewißheit vorauszusehen war, daß der Krieg nun wieder beginnen würde und mehrere Mitglieder der Examinationskommission in der damals sehr unruhigen Zeit bereits eine andere Bestimmung erhalten hatten, so wurde am Schluß der Schule schnell eine provisorische Examinationskommission zusammengesetzt mit dem Auftrage, die Brigadeschüler teils zu Portepeefähnrichen, teils zu Offizieren zu prüfen. Hätte ich voraussehen können, daß es so kommen würde, so würde ich mein Examen nicht früher, sondern jetzt mit meinen Schülern zusammen abgelegt haben, und ich wäre alsdann, wie der Verfolg zeigen wird, bei weitem früher Offizier geworden. In derselben Art, in welcher ich mit meinen Schülern von Spandau nach Berlin marschierte, wurde ich nun, nachdem die Schule und das Examen beendet waren, zurück kommandiert. Ich hatte zwar von meiner zärtlich liebenden Mutter bereits den rührendsten Abschied genommen, aber da sie wußte, daß ich erst gegen Abend nach Spandau marschieren würde, so kam sie des Nachmittags, um mich noch einmal zu sehen, in das Gießhaus. Ich war eben mit dem Packen meines Tornisters beschäftigt, als mir eine Ordonnanz des Prinzen den Befehl brachte, sogleich nach dem Palais desselben zu kommen. Daß uns dieser unerwartete Befehl sehr überraschte und daß meine Mutter, im Gießhause bleiben und meine Zurückkunft abwarten wollte, verstand sich von selbst. Es war ungefähr 4 1/2 Uhr, als ich in das Palais kam. Ich wurde in ein Zimmer geführt, in welches bald darauf der Prinz, der eben von der Tafel aufgestanden war, mit den Obersten *Braun, v. Neander, v. Schmidt* und mit noch anderen Stabsoffizieren eintrat. Er wendete sich sogleich zu mir und sagte ungefähr folgende Worte: »Es ist mir infolge des Examens berichtet worden, daß Ihre Schüler was Tüchtiges in der Mathematik erlernt haben, ich sage Ihnen nochmals Dank für Ihre Leistungen. Doch deshalb habe ich Sie nicht kommen lassen. Wir werden wieder Krieg bekommen. Der Oberst Braun wünscht, daß Sie hier bleiben. Es ist bei der Artilleriewerkstatt sehr viel zu zeichnen, und es fehlt sehr an Zeichnern.*) Ich will Sie hierzu aber keineswegs zwingen, überlasse es vielmehr Ihrer Wahl, ob Sie hier bleiben oder zur mobilen Artillerie abgehen wollen.« Ich besann mich natürlich keinen Augenblick, die Erfüllung meines lang gehegten Wunsches war erschienen, und ich erwiderte: »Wenn mir die Gnade geworden, frei wählen zu können, so ist die Wahl nicht schwer, ich bitte zur Feldartillerie versetzt zu werden.« Der Oberst Braun meinte zwar, daß es bei dem Heere nicht an Kämpfern, hier aber sehr an Zeichnern fehle, daß er in großer Verlegenheit sei, solche zu beschaffen, daß die Artilleriewerkstatt bedeutende Aufträge habe und er nicht wisse, wie er sie ohne Zeichner in der gegebenen Zeit vollführen solle, daß ich mithin hier bei weitem nützlicher sei als dort u. dgl. m. Ich antwortete ihm, daß ich, wenn auch nicht gern, doch jedenfalls bleiben würde, wenn Se. Königl. Hoheit es befehlen. Allein der Prinz blieb dabei, es meiner Wahl überlassen zu wollen, und ich - blieb bei meiner Wahl. Der Prinz sagte hierauf: »Ich werde Sie zur Artillerie des fünften Armeekorps versetzen. Der hier gegenwärtige Oberst von Neander wird diese Artillerie kommandieren, melden Sie sich sogleich bei ihm.« Es geschah. Der Oberst von Neander sah mich hierauf mit der ihm eigentümlichen schlau lächelnden und selbstzufriedenen Miene gleichsam prüfend an und sagte, daß von Spandau aus ein Kommando nach Magdeburg gehen werde, um daselbst die zwölfpfündige Batterie Nr. 16

---

*) Ich muß hierbei bemerken, daß ich zu meinem Offiziersexamen zwei Artilleriezeichnungen, die ich in den Mußestunden anfertigte, und außerdem noch einige der Bauzeichnungen, die ich früher behufs meines Examens zum Baukondukteur vollendet hatte, eingereicht hatte. Diese Zeichnungen hatte der Oberst Braun gesehen und somit Kenntnis von meinen Leistungen im Zeichnen erhalten.

mobil zu machen und demnächst zu besetzen, ich solle mich bei dem Führer des Kommandos Leutnant *Vogell* (jetzt Major in der 6. Artilleriebrigade) melden und mit demselben nach Magdeburg marschieren. Ich dankte nun dem Prinzen für seine große Huld, und er entließ mich mit Zeichen des Wohlwollens. Mit einem von Freude strahlenden Gesicht kam ich zu meiner ängstlich harrenden Mutter zurück und erzählte ihr voller Freude das Vorgefallene. Allein hier hatte es gerade die entgegengesetzte Wirkung erzeugt. Sie machte mir über meinen Entschluß Vorwürfe und bedauerte es tief, daß ich es nicht vorgezogen habe, hier bei ihr in Berlin zu bleiben, da es mir doch so gut geboten worden wäre. Allein ich stellte ihr vor, daß sie wisse, wie lange es schon mein sehnlicher Wunsch gewesen sei, an dem Kampfe tätigen Anteil nehmen zu können, daß ich ja nur deshalb freiwillig Soldat geworden sei und wie sehr es mich betrübt habe, davon bisher abgehalten worden zu sein. Ich zeigte ihr, daß ich meinem Chef gegenüber gar nicht anders hätte handeln können, selbst wenn ihr Wunsch auch der meinige gewesen wäre; daß ich es unmöglich hätte vorziehen können, in Berlin zurück zu bleiben, während meine Waffenbrüder ins Feld rückten, und ich schloß damit, daß sie wahrlich keine spartanische Mutter zu sein brauche um einzusehen, daß meine Wahl die richtigere wäre. Die gute Mutter gab meinen bittenden Vorstellungen auch endlich Gehör, sie erteilte mir aus vollem und tieffühlendem Herzen ihren mütterlichen Segen, befahl mich in der bevorstehenden Gefahr dem Schutze des allmächtigen Gottes, und weinend nahmen wir voneinander den herzlichsten und bewegtesten Abschied. –

Noch denselben Abend meldete ich mich in Spandau beim Leutnant Vogell, und den andern Tag marschierte das

Kommando mutvoll und voller Frohsinn nach Magdeburg. Es war dies der glücklichste Marsch, den ich in meinem Leben zurückgelegt habe. Der bezaubernd schöne und heitere Frühling mit seiner mildwarmen Sonne, die wunderbare und prachtvolle Schöpfung, die ganze Natur mit allen sich in ihr entwickelnden Kräften und Reizen lachte mir aller Orten freundlich entgegen, und um so freundlicher, als die glückliche Stimmung, in welcher ich mich befand, diesen äußeren Eindrücken so bereitwillig, sie so ganz in sich aufnehmend, so einklangsvoll entgegen kam. Mein sehnlicher Wunsch sollte nun endlich in Erfüllung gehen, das Offiziersexamen hatte ich glücklich überstanden, der Unterricht in der Brigadeschule war weit über meine kühnsten Erwartungen gut ausgefallen, und der Prinz August, mein hoher Chef, hatte mir noch zuletzt einen so unverkennbaren, ehren- und rücksichtsvollen Beweis seines gnädigen Wohlwollens gegeben. Kurz, ich war überselig, fast ausgelassen froh, und der Leutnant Vogell, mit welchem ich schon früher in einem intimen Freundschaftsverhältnis stand, trug nicht wenig dazu bei, mich noch heiterer zu stimmen.

In Magdeburg wurde mit Eifer und mit unermüdlicher Tätigkeit an der Ausrüstung der Batterie gearbeitet. Der Kommandeur derselben, Hauptmann *Baumgarten,* machte mich zum Führer einer der beiden zehnpfündigen Haubitzen, wiewohl ich weder Feuerwerker noch der älteste Unteroffizier in der Batterie war. Ich tat mir auf dieses Kommando der Haubitze nicht wenig zu gut, obgleich sich sehr bald eine mich berührende Inkonvenienz dabei herausstellte. Ein Portepeefähnrich namens *Schmidt* kommandierte nämlich den Zug, zu welchem diese Haubitze gehörte, und wurde also mein nächster Vorgesetzter. Dieser

Fähnrich war vor ungefähr achtzehn Monaten als Freiwilliger bei meiner Kompanie in Spandau eingetreten. Ich wurde zufällig sein Exerziermeister, und er gehörte nachmals zu den jungen Leuten, die mit mir von Spandau zur Brigadeschule nach Berlin gingen. Er war also früher mein Rekrut und mein Schüler gewesen. Natürlich war mir jede dienstliche Meldung, die ich ihm zu machen hatte, sehr peinlich, ihn aber versetzte dieses Verhältnis zu mir in eine nicht geringere Verlegenheit, die sich oft so bestimmt aussprach, daß er mich mehr dauerte, als ich mich beeinträchtigt fühlte. Der Hauptmann wollte mir zwar in Rücksicht dieses Verhältnisses statt der Haubitze eine Kanone geben und mich zu einem andern Zug versetzen; allein mein Ehrgefühl wollte auch darauf nicht gern eingehen, und so ertrug ich dieses Ungemach in der Voraussetzung, daß ich doch bald Offizier werden und über den Fähnrich kommen würde, mit Geduld und mit heiterer Ruhe. Übrigens war dieser Fähnrich ein gebildeter und von Herzen guter junger Mann, der mich hochachtete und es mir dankte, daß er infolge meines Unterrichts vom Bombardier zum Portepeefähnrich befördert worden war.

Ich will hier noch eine Episode einschalten, die, wenn auch nicht zur Geschichte meines *Dienstlebens* gehörend, doch in Beziehung der damaligen Verhältnisse in der Artillerie nicht ohne Interesse sein wird.

Ein junger Mann von feiner Bildung und höchst schätzenswerten Kenntnissen, namens *Otto,* trat um diese Zeit in Magdeburg als Freiwilliger in die Artillerie. Er hatte sich bis dahin vorzugsweise mit den mathematischen Wissenschaften beschäftigt und sehr bedeutende Kenntnisse in denselben erworben. Zufällig erfuhr er, daß in Magdeburg ein Unteroffizier Burg stehe, welcher in Berlin Lehrer der

Mathematik bei der dortigen Artillerieschule sei, und er nahm sich vor, diesem Manne eine förmliche Visite zu machen und so Gelegenheit zu erhalten, ihn näher kennen zu lernen. Ich lag damals mit sieben Kanonieren von meiner Haubitze in einer engen Gasse, auf dem Hofe eines unansehnlichen Hauses, in Quartier. Das Ameublement unserer Stube bestand aus vier kolossalen groben Betten, je zu zwei Mann eingerichtet (ich teilte mein Bett mit einem Kanonier), aus acht hölzernen Schemeln, einem klobigen kienenen Tisch, einigen hierzu passenden Wasserkrügen und grünen Waschschüsseln u. dgl. m. An den mit Rauch geschwärzten Wänden hingen unsere Waffen, Tornister, Mäntel, Tschakos usw. - Eines Abends sitze ich mit meinen Kanonieren um den Tisch zum Abendessen. Ein Drahtleuchter mit einem Ende Talglicht erhellte nur sehr spärlich das vom Tabaksqualm durchräucherte dunkle Zimmer. In der Mitte des Tisches stand eine gehäufte Schüssel mit dampfenden Kartoffeln, und jeder von uns hatte vor sich auf einem Stückchen Papier etwas Butter oder Schmalz oder einen Hering. Auf einem etwas größeren Bogen lag der gemeinschaftliche Salzvorrat, sowie jeder von uns noch außerdem ein tüchtiges Küchenmesser hatte, um das ihm gehörende und ebenfalls auf dem Tisch liegende Kommißbrot gehörig handhaben zu können. Wir waren dabei im strengsten Negligee. Ich hatte meinen Kommißmantel an, unterhielt mich mit meiner Tischgesellschaft über die am Tage vorgefallenen Dienstereignisse, war fröhlich gestimmt, hörte mit Geduld ihre nicht selten plumpen Witze und derben Redensarten an und dachte, es müsse alles so und nicht anders sein. Auf einmal wird an unsere Türe geklopft. Mein Nachbar zur Rechten, ein vierschrötiger Kanonier, ruft mit einer tiefen und lauten Baßstimme: »Na, wen hat denn der Teufel da draußen?« (Bekanntlich ist bei den Soldaten das Anklopfen nicht gebräuchlich.) Die Türe wird geöffnet, und ein elegant gekleideter junger Mann im schwarzen Frack, Hut und Handschuhen trat hinein. Es war Otto. Er blieb anfangs betroffen stehen, sah sich scheu um und sagte mit einer gewissen Verlegenheit: »Entschuldigen Sie, ich bin wohl irre gegangen, ich wollte zu einem Unteroffizier, Herrn Burg.« »Da sind Sie ganz am rechten Ort, der bin ich.« »Das ist mir lieb, also Sie sind der Herr Burg, Professor der Mathematik an der Berliner Artillerieschule?« »Nun das bin ich wohl gerade nicht, aber ich habe im vergangenen Winter in der ersten Klasse der Artillerie-Brigadeschule zu Berlin die Mathematik gelehrt. Was verschafft mir die Ehre Ihres Besuches, und mit wem habe ich das Vergnügen zu sprechen?« Sein Befremden schien mir jetzt mehr zu- als abzunehmen. Er teilte mir nun sein jetziges Verhältnis mit, sagte, daß er die Artillerie stets als eine sich besonders für die Wissenschaften interessierende Waffe betrachtet und in dieser Meinung dieselbe als Freiwilliger gewählt habe. Er setzte hinzu, daß er sich bis jetzt vorzugsweise mit der Mathematik beschäftigt, von mir gehört habe und nun gekommen sei, mir seine Aufwartung zu machen und mich persönlich kennen zu lernen. Es war mir jetzt vollkommen erklärlich, was dem jungen Manne bei seinem Empfange und bei seinem Eintritt so befremdend aufgefallen war, und ich konnte mich um so mehr in seine Lage denken, als auch ich vor meiner Aufnahme in die Artillerie der Meinung war, daß die sich mit den Wissenschaften befassenden Artilleristen sich einer besonderen Bevorzugung zu erfreuen hätten. Den vorlauten Kanonier ließ ich aufstehen und ersuchte Herrn Otto seinen Platz an meiner Seite einzunehmen. Ich lud ihn ein, mit uns zu speisen, was er aber, wie zu erwarten stand, nicht ohne Befangenheit ablehnte. Er blieb nun während der Mahlzeit und den ganzen Abend bei mir. Wir unterhielten uns viel über das Artilleriekorps, über die Mathematik, über meinen Unterricht an der Brigadeschule, über das Verhältnis der Lehrer bei derselben u. dgl. m. Beim späten Weggehen dankte er mir für meine Mitteilungen und bat mich, ihm eine artilleristisch-mathematische Aufgabe zu geben. Ich schlug ihm eine analytische Entwicklung der Formeln zur Berechnung der Kugelhaufen vor. Er nahm diese Aufgabe gern an, und nach einigen Tagen brachte er mir seine desfallsige Ausarbeitung. Mit großem Interesse habe ich diese sehr gelungene Abhandlung gelesen, ich besitze sie noch als eine mir werte Erinnerung aus jener längst verflossenen Zeit. Er wurde unserer Batterie einverleibt und kam sogar als Bombardier zu meiner Haubitze. Wir schlossen uns inniger aneinander, was für mich um so wohltuender war, als mein Freund, der Leutnant Vogell, schon vor einiger Zeit zu einer andern Bestimmung abgegangen war. Nachmals erzählte mir Otto wiederholt, welchen tiefen und nachhaltigen Eindruck es auf ihn gemacht habe, als er mich, den Professor der Mathematik bei einem wissenschaftlichen Korps, ganz gegen seine gehegte Erwartung in dieser Umgebung, in dieser Gesellschaft und in dieser Lage erblickt habe. Die Schuppen fielen ihm alsbald von den Augen, er sah und fühlte was er niemals zu sehen und zu fühlen geahnt hatte.*)

---

*) Otto ist jetzt Major der Artillerie und Direktor der Pulverfabrik zu Spandau. Durch seine Leistungen bei der Artillerie-Prüfungskommission und durch seine schriftstellerischen Arbeiten hat er in vielen Beziehungen vorteilhaft auf die Vervollkommnung unserer Waffe eingewirkt.

Nachdem die Mobilmachung der zwölfpfündigen Batterie, bei der ich stand, beinahe völlig beendet war, und wir täglich der Order zum Ausrücken entgegensahen, erhielten wir die Nachricht, daß das fünfte Armeekorps die Länder zwischen der Elbe und Weser besetzen solle, während die anderen Armeekorps nach Belgien vormarschierten. Als Grund wurde angegeben, daß der General Graf *Yorck,* welcher das fünfte Armeekorps kommandierte, nicht im besten Vernehmen mit dem Feldmarschall Fürsten *Blücher* stehe, und der König, um jedes unangenehme Zusammentreffen zu verhindern, es so angeordnet habe. Es ist nach dem früher Mitgeteilten wohl nicht nötig, meine Empfindungen zu beschreiben, welche mich beim Eintreffen dieser so ganz unerwarteten Nachricht bewegten und niederdrückten. So nahe dem Ziele und nun mit einem Male wieder so weit davon entfernt. Jetzt erhielt ich die feste Überzeugung, daß es meine Bestimmung nicht war, einem Feinde im offenen Kampfe gegenüber zu stehen. Ich sah klar ein, daß es so und nicht anders sein solle, indem es mir, ungeachtet meines Eintritts in die Armee beim Ausbruch eines so großen und allgemeinen Krieges, ungeachtet der dringenden und wiederholten Bitten und Vorstellungen von meiner Seite, ungeachtet des mir in Berlin vom Prinzen gegebenen Versprechens, doch nicht gelingen wollte, den Zweck, um welchen ich Soldat geworden war, zu erreichen. Und so unerwünscht mir diese Nachricht in sehr vielen Beziehungen war, so ergab ich mich dessenungeachtet, nachdem ich zu dieser Überzeugung gekommen, mit Geduld und mit einem religiösen Vertrauen in mein Schicksal. Alles, was mir bis jetzt nicht nur in meinen militärischen Verhältnissen, sondern auch im Privatleben begegnet, war mir zum Heil gewesen, der allbarmherzige

Gott hatte mich auf meiner Bahn so väterlich geführt, und so sah ich auch dieses Vereiteln meines Wunsches als eine mir nur zum Guten gereichende göttliche Fügung an und bat den Gott meiner Väter um seinen ferneren Schutz und Beistand.

Die Nachrichten von den Kriegsereignissen in Belgien kamen nun nach und nach in Magdeburg an. Die Schlacht von Belle-Alliance, den 18. Juni 1815, war geschlagen, die französische Armee fast vernichtet, und es war vorauszusehen, daß auch dieser Feldzug bald beendigt sein würde. Dessenungeachtet blieben wir aber noch auf dem Kriegsfuß und hofften. –

Den 25. Juli 1815 wurde ich von der Batterie zu einer Laboratorienkolonne versetzt, welche in drei Dörfern einige Meilen von Magdeburg in Kantonnierung lag, um bei dieser Kolonne die Stelle des zweiten Offiziers, obgleich ich noch Unteroffizier war, zu versehen. Ich befand mich gerade auf einem Kommando zum Fertigen der Faschinen und der Schanzkörbe für den Bedarf der Festung, als mir diese Versetzung und der Befehl zur sofortigen Rückkehr nach Magdeburg mitgeteilt wurde. Nach meinem Eintreffen bei der Batterie übergab ich die bis jetzt unter meinem Befehl gestandene Haubitze meinem Nachfolger und ritt getrost nach dem mir angewiesenen Dorfe Gübs. Vom Hauptmann Baumgarten erhielt ich hierzu ein Pferd und eine reitende Ordonnanz, die dasselbe zurückbringen sollte. Der Leutnant *Pauli,* welcher die Laboratorienkolonne kommandierte und bei welchem ich mich melden mußte, war ein alter Bekannter von mir. Ich hatte schon vor mehreren Jahren, noch als Baukondukteur in Berlin, wo er als Oberfeuerwerker stand, seine Bekanntschaft gemacht, und wir freuten uns gegenseitig, hier so unvermutet in dienstlichen Verhältnissen wieder zusammen zu kommen. Er war bei weitem älter als ich, von einer großen Herzensgüte, und ein in diesem speziellen Fache der Artillerie, im Laborieren, sehr gewandter und praktisch ausgebildeter Offizier, von welchem ich vieles, und namentlich in der Feuerwerkerei, zu erlernen hoffte. Er empfing mich so liebevoll, als ich es von seiner väterlichen Zuneigung zu mir erwartete, und wies mir in dem Dorfe Gübs ein Quartier an. Wiewohl mir die Versetzung von der Batterie zu einer Kolonne keineswegs gefiel, zumal mir der streng militärische Dienst bei ersterer bei weitem mehr zusagte und derselbe auch anders gehandhabt wurde, als es bei der letzteren der Fall gewesen, so war mir die Versetzung doch andererseits insofern angenehm, als ich nun mit einem Male von dem subordinierten Dienstverhältnis eines gewöhnlichen Unteroffiziers entbunden wurde. Hierzu kam noch, daß ich hier sogleich mein eigenes Chargenpferd und außerdem noch einen sogenannten Klepper erhielt und mir zu meiner Bedienung einen Burschen und einen Trainsoldaten aus den Mannschaften der Kolonne wählen durfte. Ich konnte mich nun überhaupt viel freier und selbständiger als sonst bewegen und meine sehnlich erwünschte Beförderung zum Leutnant ruhiger abwarten. Der Dienst bei der Kolonne war mir zwar ganz neu, aber nicht im mindesten beschwerlich. Es war das erste Mal seit meinem Eintritt in die Artillerie, wo ich meine mir obliegenden Dienstverrichtungen ohne Hast, ohne Eile, ohne ein fortwährendes Treiben, mit Ruhe und mit einer gewissen Behaglichkeit vollführen konnte, und es blieb mir noch hinlängliche Zeit zur Lektüre und zum Spazierenreiten übrig. Der Leutnant Pauli war ein allzu milder Vorgesetzter, er gab den Soldaten der Kolonne zu viel Freiheiten, sie arbeiteten fast fortwährend bei den Bauern und wurden nur in den unvermeidlichsten Fällen zum Dienst herangezogen. Es wollte mir dieses unmilitärische Handhaben einer Truppe durchaus nicht gefallen, es war ganz gegen meine bisherige militärische Erziehung und Gewohnheit, die Leute verloren so die nötige Haltung, vergaßen, daß sie Soldaten waren, der Gehorsam ließ nach und die zum Dienst unentbehrliche Disziplin wurde aufgelockert und vernachlässigt. Durch meine wiederholt angebrachten Vorstellungen und Warnungen brachte ich es doch endlich dahin, daß der Leutnant Pauli gestattete, daß ich die Leute wöchentlich dreimal exerzieren konnte, daß sie mehr auf ihren Anzug und ihre Haltung hielten, und daß sie in dem Dienst der Kolonne und in den dahin gehörenden Arbeiten häufiger geübt wurden. Hierdurch und durch den erzielten Erfolg fühlte ich mich nun zufriedengestellter als im Anfang, obgleich ich sehr gut merken konnte, daß den Kanonieren mein Erscheinen bei der Kolonne nicht lieb war, sie mich vielmehr zum T..... wünschten, während die Oberfeuerwerker, der Feldwebel, die Unteroffiziere und Bombardiere sehr zufrieden waren und mir der Feldwebel oft sagte, daß es nicht länger mehr hätte so gehen können. Die Gewohnheit tut viel. Nachgerade gefiel mir meine jetzige Stellung besser, auch die Kanoniere überzeugten sich bald von der Nützlichkeit und Notwendigkeit meiner Anordnungen, und der Umgang mit dem höchst ehrwürdigen Pastor des Ortes, Prediger *Lange,* und mit seiner überaus liebenswürdigen Familie machten mir den Aufenthalt in Gübs um so lieber und angenehmer. Ich gehörte bald mit zur Familie, die alte würdige Pastorin liebte mich, wie man nur einen Sohn lieben kann, und der einzige Gram, den ich ihr machte, war der, daß ich nicht Christ sei und keine Neigung blicken ließ, es zu werden. Ich werde im Verfolg meiner Geschichte auf diesen Gegenstand wieder zurückkommen.

Endlich wurde ich, nach langem Harren, mittels Allerhöchster Kabinettsorder vom 18. August 1815, also nach zweiundeinhalbjähriger Dienstzeit, zum *Sekondeleutnant* der Artillerie befördert und der damaligen Brandenburgischen Artilleriebrigade einverleibt. Meine Freude war überaus groß. Ich schrieb sogleich an meine Mutter und teilte ihr dieses glückliche Ereignis mit. Aus dem Hauptquartier erhielt ich gleichzeitig die mir zustehenden Mobilmachungsgelder. In Magdeburg ließ ich mir das Notwendigste, was ich zuvorderst zu meiner Offiziersequipage gebrauchte, anfertigen, so wie ich das hierzu erforderliche Silberzeug aus Berlin erhielt, nur bedauerte ich es, daß ich in meinem Dorfe so wenig Gelegenheit hatte, mich in meinem neuen Anzuge zeigen zu können. Hätte der Hauptmann von Bardeleben mich damals in Spandau nicht aus engherzigen und mittelalterlichen Rücksichten zurückgehalten, oder hätte ich wenigstens mein Offiziersexamen nicht während der Zeit der Schule, sondern am Schluß derselben mit meinen Schülern abgelegt, so wäre ich schon früher avanciert worden. Denn diese von einer provisorischen Kommission schnell examinierten jungen Leute waren schon seit einiger Zeit Offiziere geworden, während jene Examinationsberichte auf einem geregelten Wege den Behörden zugingen und um so länger aufgehalten wurden. Ich schrieb zwar nachmals in Berlin an den Prinzen August und stellte ihm meine Lage vor, erhielt aber die Antwort, daß ich mich mit dem Datum meines Patentes beruhigen müsse, indem die Beförderung zum Offizier nicht von der Zeit des Examens, sondern von der des Vorschlages abhängig ist.

Ich war nun Offizier, und das mir zunächstliegende Ziel war mit der göttlichen Hilfe, ohne irgend ein Hindernis, ohne irgend eine Schwierigkeit erreicht. Das stille Leben in Gübs und der Kontrast gegen mein bisheriges bewegtes Leben hatte einen eigentümlichen Reiz für mich, ich war mit meiner Lage zufrieden, ich fühlte mich glücklich.

Aus Halle, wo das Hauptquartier des fünften Armeekorps war, erhielten wir die Benachrichtung, daß die preußische Artillerie, welche bis jetzt aus drei Brigaden (der ostpreußischen, der brandenburgischen und der schlesischen) bestand, auf neun Brigaden, nämlich eine Garde- und acht Linienbrigaden, gebracht worden, und daß der Bestand der Offiziere demgemäß verteilt werden solle. Ich war natürlich sehr neugierig zu erfahren, wohin mich mein Geschick führen würde, und hatte, wie leicht zu erachten, auch diesen oder jenen Wunsch. Dessenungeachtet aber äußerte ich weder gegen den Obersten von Neander noch gegen seinen Adjutanten, den bereits früher erwähnten, mir sehr wohlwollenden Leutnant Remschel, eine desfallsige Bitte, sondern überließ es der allgütigen Vorsehung. Nach einer wochenlangen Ungewißheit darüber erhielten wir am 12. November aus Halle den Befehl, daß wir, nämlich die Offiziere und die Mannschaften der Laboratorienkolonne, zur ersten Artilleriebrigade nach Ostpreußen versetzt wären und daß wir sofort nach Danzig marschieren sollten, um daselbst demobil gemacht zu werden. Bei diesem Befehl lag gleichzeitig unsere Marschroute, infolge welcher wir am 17. November aus Gübs marschieren und gegen Ende Dezember in Danzig ankommen würden. Ich kann nicht sagen, daß diese Bestimmung mit meinen Wünschen übereingestimmt hätte. Ich hatte nach Ostpreußen nicht die allermindeste Sehnsucht, wiewohl ich von Danzig selbst immer viel Gutes und Rühmliches gehört hatte. Hierzu kam noch der uns bevorstehende lange und langweilige Marsch mit der Kolonne, der uns des herannahenden Winters wegen eine um so unfreundlichere Aussicht darbot. Doch was war weiter zu überlegen, es mußte gehorcht und das Grauen vor dem leidigen Wintermarsch durch die uns erwartenden Schneesteppen so viel als möglich beseitigt werden. Ich schrieb an meine gute Mutter und teilte ihr den Tag mit, an welchem wir infolge unserer Marschroute in Gransee, der nächsten Stadt an Berlin, auf unserem Marsch seien und einen Ruhetag daselbst haben würden, und bat sie, dorthin zu reisen. In ihrem Antwortschreiben sagte sie es mir mit großer Freude und sehr gern zu, sie hatte mich ja außerdem noch nicht einmal als Offizier gesehen. Wir waren nun mit den Vorbereitungen und Anordnungen zum bevorstehen Marsch hinlänglich beschäftigt, am 16. war alles zum Abmarsch fertig, und die Mannschaften und Pferde aus den beiden andern Dörfern in Gübs versammelt.

Den Abend desselben Tages lud uns der Pastor Lange zu einer Abschiedsgesellschaft ein. Die ganze Familie war gegenwärtig, auch der Feldwebel und die beiden Oberfeuerwerker waren eingeladen. Wir waren bei einer Punschbowle zwar sämtlich recht munter, doch hatte so jeder, wie es bei einem nahe bevorstehenden Abschied wohl immer der Fall ist, zumal unter den gegenwärtigen Umständen, seine eigenen stillen Gedanken und Betrachtungen. Wir trennten uns sehr ungern von diesen trefflichen Menschen, und sie sahen uns ungern scheiden. Ein banges, schwermütiges Gefühl beherrschte, ungeachtet eines erkünstelten Frohsinns, die ganze Gesellschaft. - Es mochte so gegen 9 Uhr sein, da hörten wir ein Pferdegetrampel auf dem

Pfarrhofe, und kurze Zeit darauf trat eine reitende Ordonnanz in das Zimmer und übergab dem Leutnant Pauli vier Briefe aus dem Hauptquartier. Derselbe erbrach einen nach dem andern, las sie und übergab sie mir, um mich von dem Inhalt derselben in Kenntnis zu setzen. Es enthielten die drei ersteren Dienstsachen und auf den Marsch sich beziehende Befehle. Endlich erbrach er den vierten, sah mich, nachdem er ihn gelesen hatte, groß an und sagte: »Na, da schlag doch ein Donnerwetter drein! Nun soll ich allein, ohne einen anderen Offizier, nach Danzig marschieren. - Der Burg ist doch ein Glücksvogel. - Na, lesen Sie nur.« Er übergab mir den Brief, und ich las mit einem namenlosen Entzücken folgende Worte:

»Des Prinzen August von Preußen K. H. haben bestimmt, daß für den künftigen Winter in Berlin wieder eine Brigadeschule etabliert werden soll. Da es nun in solcher noch sehr an Lehrern fehlt und der Leutnant Burg bereits im vorigen Winter dem Lehramte der Mathematik mit großem Nutzen für die Zuhörer vorgestanden hat, so ist er wieder zum Lehrer bestimmt worden. Ew. Hochwohlgeboren ersuche ich demnach, dem usw. Burg nicht allein dieses bekannt zu machen, sondern denselben auch unverzüglich nach Berlin, wo er sich nach seinem Eintreffen bei dem Herrn Generalmajor *von Schmidt* zu melden hat, abgehen zu lassen. Der usw. Burg kann sein Pferd und den Trainsoldaten mitnehmen und wird von der Laboratorienkolonne als kommandiert geführt, erhält auch von derselben das Traktement für sich und den Trainsoldaten.

Halle, den 16. Nov. 1815. gez. v. Neander.

An den Kgl. Leutnant usw. Herrn Pauli. Hochwohlgeboren.«

Ich war außer mir vor Freude und Überraschung. Ich umarmte den Prediger, küßte die alte Predigerin, küßte die

Töchter und die ganze Gesellschaft und empfing frohlokkend ihre Glückwünsche. So mit einem Male, so ganz unerwartet war ich von dem kalten und langweiligen Wintermarsch entbunden, sollte wieder nach Berlin zur Schule, sollte daselbst wieder den mir so lieb und wert gewordenen Unterricht erteilen, meine Zeit so nützlich und so ehrenvoll verwenden. Ich konnte es kaum fassen und mußte hinaus ins Freie, in die frische Luft. Ein prächtig ausgesternter Herbsthimmel lächelte mich freundlich an, ich betete, ich betete inbrünstig und dankte aus übervollem Herzen dem allbarmherzigen Gott für alles das, was er mir Unwürdigem so Großes und Gutes erzeigt. Die Nacht konnte ich vor Aufregung und großer Freude kaum schlafen. Den andern Morgen rückte die Kolonne aus. Der Pastor und ich begleiteten sie ungefähr eine Meile zu Pferde, dann nahmen wir Abschied. Ich ließ sie an mir vorbeimarschieren, winkte allen ein freundliches Lebewohl und glücklichen Marsch zu, sah dem langen Zug mit wonnetrunkenem Blick nach und freute mich, nicht mit dabei sein zu müssen. Alsdann ritten wir nach Gübs zurück. Das Dorf kam mir wie ausgestorben vor. Noch im Laufe des Vormittags fuhr ich mit requiriertem Vorgespann nach Magdeburg, blieb die Nacht dort und reiste den andern Tag nach Berlin ab. Die Freude meiner Mutter, mich so unerwartet wieder zu sehen, und die ihr mitgeteilte Nachricht, daß ich den ganzen Winter hier bleiben und den mathematischen Unterricht auf der Brigadeschule wieder erteilen würde, war über alle Beschreibung groß. Wir gedachten des schmerzlichen Abschieds im Gießhause, wie ich mich weinend ihren Armen entwand, wie sie mich segnend und händeringend entließ und verglichen ihn mit dem jetzigen glücklichen Wiederfinden, wo ich als Offizier, unter so günstigen Umständen, zurückgekehrt war. Wir faßten uns beide an und sprangen wie die Kinder im Zimmer herum.

Der Unterricht auf der Brigadeschule nahm nun bald seinen Anfang. Alle Besorgnisse, welche ich im vorigen Jahre in Hinsicht meiner Stellung den Schülern gegenüber hatte, waren beseitigt. Ich war Offizier geworden und hatte zu mir Vertrauen bekommen. Es ging auch alles ganz nach Wunsch von statten. Der Prinz war nicht minder als im vorhergehenden Jahre mit mir zufrieden, und das Schlußexamen fiel zur völligen Zufriedenheit aller Vorgesetzten, die zugegen waren, aus. Es war überhaupt ein sehr glücklich und vergnügt verlebter Winter für mich.

Als im Monat Februar 1816 die Demobilmachung der Kolonne in Danzig vollendet war, erhielt ich mein Chargenpferd zum Geschenk. Ich verkaufte es, weil mir das Futter zu teuer war und ich keine Ration mehr für dasselbe empfangen durfte. Auch die Feldzulage von monatlich 8 Taler hörte nun auf. Jedoch litt ich durchaus keinen Mangel an Geld, indem ich mit meiner Offiziersgage gut auskommen konnte und auch einigen Privatunterricht in der Mathematik erteilte.

Im Frühjahr 1816 reiste ich zu meiner Brigade nach Danzig. Der dortige Abteilungskommandeur, Major *Huêt,* empfing mich bei meiner Meldung überaus wohlwollend, und sagte unter anderem: »Mein lieber Burg, ich möchte Ihnen fast die Prophezeihung geben, daß Sie nicht lange hier bleiben werden, denn was Gutes lassen sie uns hier in Preußen nicht, das muß nach Berlin zurück, ich kenne die Herren dort.« So sehr angenehm mir auch dieser Empfang überhaupt und diese Äußerung des Majors insbesondere sein mußte, so konnte ich doch wenig darauf geben, da ich keine Ahnung davon hatte, wie und auf welche Art ich sobald wieder nach Berlin zurückkehren sollte. Ich hätte denn meinen Abschied nehmen und wieder zum Baufach übergehen müssen, woran ich allerdings wohl manchmal dachte.

Da die Offiziere der bisherigen drei Artilleriebrigaden in neun Brigaden verteilt werden mußten, so war es natürlich, daß anfangs die Anzahl der Offiziere bei jeder Brigade für den Dienst bei weitem nicht ausreichte. Es gab demnach hier in Danzig wieder vollauf zu tun, und so mußte ich von Anfang an den Dienst als Kompanieoffizier versehen und gleichzeitig die Geschäfte als Feuerwerksleutnant mit übernehmen, wozu mir mein mehrmonatlicher Aufenthalt in Gübs, bei der Laboratorienkolonne, von großem Nutzen war. Dessenungeachtet gefiel es mir in Danzig vorzüglich gut. Die so durchaus veränderte Lebensart, die herrliche Gegend, das bis dahin mir noch ganz unbekannte Meer mit seinen großartigen Erscheinungen und Genüssen und vorzugsweise meine neuen und mir zusagenden Dienstverhältnisse machten einen sehr günstigen Eindruck auf mich. Ich war stets heiter gestimmt, vollkommen gesund und bei der fröhlichsten Laune. Es war mir ganz nach Wunsch, daß mich der Major Huêt, ohne mein Hinzutun, zur Kompanie des Premierleutnants Remschel versetzte, desselben, der mich in Spandau über den Batteriebau examinieren mußte und später Adjutant beim Oberst von Neander wurde. Außerdem wurde ich bei einer angesehenen und liebenswürdigen Familie einquartiert und erhielt durch dieselbe Gelegenheit, auch andere reiche Kaufherren Danzigs kennen zu lernen, von welchen ich nicht selten Einladungen sowohl in der Stadt, als auch auf ihre Landsitze erhielt. Mein Abteilungskommandeur, der Major Huêt, hatte eine ganz besondere Zuneigung zu mir gefaßt und mich sehr lieb gewonnen. Ich mußte oft des Abends bei ihm sein, und ohne Remschel und mich ging er nie ins Theater. Er habe kein Vergnügen ohne uns daselbst, das hatte er mehr als einmal geäußert. Als sein Adjutant erkrankte, ersuchte er mich, die Dienste für denselben zu übernehmen. Meine Geschäfte wurden zwar dadurch noch bei weitem vermehrt, so daß ich wenig Zeit für mich übrig behielt und manchmal die Nächte zu den schriftlichen Arbeiten benutzen mußte, allein es gab mir dieses Ereignis die Gelegenheit, den Adjutantendienst näher kennen zu lernen, und es brachte mich zugleich in noch nähere Verbindung mit dem Major. Auf unsern einsamen Spazierritten unterhielt er mich über verschiedene Angelegenheiten der Artillerie und teilte mir seine im Kriege gemachten reichen Erfahrungen mit. Er hatte sich durch sein mutvolles Benehmen den Ruf eines sehr tapferen, umsichtigen und braven Offiziers erworben und das Eiserne Kreuz erster Klasse als Anerkennung erhalten. Diese seine Unterhaltungen konnten demnach nur lehrreich für mich jungen Offizier sein und auf meine artilleristische Ausbildung fördernd einwirken. Dabei sprachen wir stets sehr vertraut miteinander. Er gab mir wiederholt die Versicherung, daß er mich meiner religiösen Überzeugung wegen um so mehr liebe, daß er meine Standhaftigkeit hochachte, daß er den Religionswechsel aus schnödem Gewinn, aus Ehrgeiz oder auch aus anderen weltlichen Rücksichten als eine große Blasphemie betrachte, und daß er überhaupt eine ganz besondere Abneigung gegen getaufte Juden habe. -

Mit den Offizieren der Festung, sowohl von der Artillerie als auch mit denen der anderen Truppenteile, stand ich im besten Vernehmen. Wir lebten in Eintracht und in einem mir sehr wohlgefälligen kameradschaftlichen Verhältnis miteinander. Ich schrieb die fröhlichsten Briefe nach

Berlin und teilte meiner Mutter alles mich Betreffende mit. Durch meine anhaltend fröhliche Stimmung wurde ich zur folgenden Szene verleitet.

Es war an einem Sonntag. Ich ging im Paradeanzug, weißen Hosen, Schärpe, dekorierten Tschako, alles funkelnagelneu, vom Leege-Tor, wo ich im Quartier lag, über den Wall zur Stadt. Da begegnete mir ein alter polnischer Jude mit einem langen weißen Bart. Er blieb ehrfurchtsvoll stehen, nahm seine Pudelmütze vom Kopf und bückte sich tief vor mir, indem er mich wahrscheinlich für einen sehr hochgestellten Mann hielt, wie überhaupt die polnischen Juden gemeinschaftlich jeden Offizier grüßen. Ich trat zu ihm und sagte, in einer ihm sehr verständlichen Sprache, wie er sich denn so vor mir demütigen könne, ich sei so gut wie er ein Abkömmling Israels, wir seien mithin Brüder und einer nicht mehr als der andere. Mit einem unbeschreiblich freudigen Blick sah der Alte mich voller Erstaunen an. Er schlug beide Hände hoch über dem Kopfe zusammen und schrie in hebräischer Sprache, fast überlaut, das Glaubensbekenntnis der Juden: »Höre Israel usw.« Dann sagte er »Gott, Gott, was hab' ich gehöret, was hab' ich gesehen!« und wollte meine Hand küssen. Um einen Auflauf zu vermeiden, zog ich mich schnell zurück und ging rasch und in vollem Lachen weg. Doch als ich mich umsah und den alten Mann mit seinen ausgebreiteten Armen, das Auge nach oben gerichtet, in einer mich segnenden Stellung erblickte, da überfiel mich ein namenlos rührendes Gefühl, mein Mutwille war plötzlich dahin, und gedankenschwer setzte ich meinen Weg mit dem innigsten Wunsch fort: O, möchte doch der bei den Juden bei solcher Gelegenheit gebräuchliche Segen »Der Herr segne und behüte dich usw.« in Erfüllung gehen!

Das Leben in Danzig behagte mir ungemein und gewann schon dadurch immer mehr an Interesse, als ich mich in dienstlicher Hinsicht so vielseitig und lehrreich beschäftigt sah, als meine Tätigkeit bald hier-, bald dorthin gelenkt und in Anspruch genommen wurde, der Erfolg in der Regel günstig ausfiel und mir die Zufriedenheit der Vorgesetzten verschaffte. So war ich unter anderem genötigt, mich eine Zeitlang alle Tage nach Weichselmünde zu begeben, um am Strande der Ostsee, auf dem Schießplatz der Artillerie, ein neues Polygon behufs der Schießübungen zu bauen. Wiewohl ich bei dieser Arbeit anhaltend tätig sein mußte und namentlich mit dem Flugsande und mit den nächtlichen Seewinden viel zu kämpfen hatte, so gelang doch das Werk nach mancher Mühe und künstlichen Vorkehrungen vollkommen gut, und ich glaube, es steht noch heute auf derselben Stelle.

Daß ich unter diesen günstigen Verhältnissen gar kein Verlangen hatte, aus Danzig versetzt zu werden und auch weder an meinen Abschied, noch an irgend eine veränderte Lage weiter dachte, versteht sich von selbst. Auch an die Prophezeihung des Majors Huêt dachte ich kaum mehr. Der praktische Dienst, in welchem ich mich fortwährend und sehr gern bewegte, sagte meiner Persönlichkeit vollkommen zu, die Bewegung in freier Luft, in der so überaus reizenden Gegend um Danzig, stärkten mich an Körper und Geist, ich war stets gesund und bei der heitersten Laune, ich war vollkommen zufrieden, war meinem Wunsch gemäß *praktischer Soldat,* und war es mit Leib und Seele.

Da mit einem Male änderte sich plötzlich und unvorhergesehen mein mir so zusagendes Dienstverhältnis, brachte mich in eine durchaus andere Stellung und wies meiner

Tätigkeit ein ganz anderes Feld, eine ganz veränderte Richtung an.

Es war gegen das Ende des Monats September, als an einem Tage der Major Huêt ein Manöver mit seiner Abteilung angeordnet hatte. Ich war eben im Begriff, mich zu Pferde zu setzen, als mir der Briefträger einen Brief aus Berlin überreichte. Ich erbrach denselben sogleich - er war vom Hauptmann Vogt, meinem ehemaligen Direktor der Brigadeschule - und lese mit einer nicht geringen Überraschung, zugleich aber auch mit einem fröhlichen Erstaunen folgenden Hauptinhalt:

»Es ist hier in Berlin auf Veranlassung des Prinzen August K. H. und des Generalleutnants *von Rauch* Exzellenz eine Artillerie- und Ingenieurschule errichtet worden. Infolge der sehr gelungenen Zeichnungen, die Sie bei Ihrem Offiziersexamen einreichten, sind Sie in der zur Einrichtung der Schule niedergesetzten Kommission, zu der auch ich gehöre, zum Lehrer im Artilleriezeichnen, mit einer jährlichen Gehaltszulage von 350 Talern einstimmig gewählt und von Sr. Majestät dem Könige bereits bestätigt worden. Es gereicht mir zum besonderen Vergnügen, Ihnen diese gewiß sehr erfreuliche Nachricht mitteilen zu können, bitte Sie aber, dieselbe noch so lange als ein Geheimnis zu betrachten, bis Sie eine offizielle Nachricht darüber erhalten werden, usw.«

Die mich so urplötzlich bestürmenden vielseitigen Empfindungen vermag ich nicht zu schildern. Mit einem von Freude strahlenden Antlitz flog ich zur Exerzierbatterie und führte meine beiden Geschütze so gut und mit solcher Umsicht, wie es niemals früher der Fall war. Ich war in mir seelensvergnügt, mein Geheimnis wollte mir fast die Brust erdrücken, ich sehnte mich, es los zu werden, und bald wurde mir dazu die Gelegenheit. Nach Beendigung des Manövers ritt der Major Huêt zu mir heran und sagte: »Aber Burg, was ist Ihnen denn heute, ich habe Sie schon den ganzen Morgen beobachtet, Sie sind ausgelassen, so guter Dinge, Sie müssen das große Los gewonnen haben!« Ich ritt mit ihm etwas abwärts und überreichte ihm den Brief des Hauptmanns Vogt. Er las ihn durch. Mit einem innigen Händedruck gab er mir denselben zurück und sagte: »Ich gratuliere Ihnen, mein lieber Burg, von ganzem Herzen, allein ich bedaure es schmerzlich, daß ich Sie nun verlieren muß. Na, was habe ich Ihnen bei unserem ersten Zusammentreffen gesagt? Gelt, ich kenne die Herren in Berlin?«

Nach einigen Tagen erhielt ich vom Brigadekommando aus Königsberg den offiziellen Befehl, sobald als möglich nach Berlin abzugehen und mich daselbst beim Generalmajor *von Strampff*, welcher der Direktor der vereinigten Artillerie- und Ingenieurschule geworden war, als Lehrer zu melden. Mit frohem Mut beeilte ich mich nun, alles, was noch unter meiner Leitung stand, meinem Nachfolger zu übergeben und die nötigen Vorbereitungen zu meiner Reise zu treffen. Die Trennung von meinem Freunde Remschel und besonders von meinem würdigen Major ging mir sehr zu Herzen. Er umarmte und küßte mich herzlich, und ich sah helle Tränen in den Augen dieses alten und bewährten Kriegers. Auch ich war sehr gerührt - ich habe ihn nicht wieder gesehen, er ist längst verstorben. - Mein Bursche, ein junger, hübscher und ehrlicher Pommer, war untröstlich, daß ich ihn verlassen wollte. Der Major Huêt nahm nämlich Abstand, mir denselben mitzugeben, da mein Kommando auf eine sehr lange und ganz unbestimmte Zeit schließen ließ. Er überließ es mir aber, mich deshalb in

Berlin beim Prinzen darüber zu beschweren. Ich versprach meinem Burschen wiederholt, daß ich ihn nachkommen lassen werde, allein er konnte sich nicht beruhigen und zweifelte an dem Gelingen meines Vorhabens in Berlin.

Am Tage meiner Abreise ging ich zum Appell der Kompanie, bei der ich, so lange ich in Danzig war, stand, und bat den Premierleutnant Remschel, nachdem der Dienst befohlen worden, um die Erlaubnis, von der Kompanie Abschied nehmen zu können. Ich empfahl mich nun den Unteroffizieren und den Bombardieren einzeln und gab ihnen die Hand zum Abschiede. Alsdann ließ ich die Kompanie einen Kreis formieren und sagte ungefähr folgende Worte: »Kanoniere! ich verlasse Euch heute und reise nach Berlin, wo ich zu der dort errichteten Artillerie- und Ingenieurschule als Lehrer kommandiert worden bin. So lieb mir auch dieses Kommando ist und für so ehrenvoll ich es auch halte, so tut es mir doch sehr leid, mich von der Kompanie trennen zu müssen. Ich nehme deshalb hier von Euch einen herzlichen Abschied, ich wünsche, daß Ihr mich im guten Andenken behalten möget und daß es Euch allen und jedem insbesondere stets glücklich und nach Wunsch gehe. Ich kann nicht jedem Einzelnen von Euch die Hand zum Abschied reichen, darum gebe ich sie hiermit dem Feldwebel, der Mutter der Kompanie, und das sei so gut, als hätte ich sie jedem Kanonier einzeln gegeben. Lebet alle wohl und denkt an mich, wie ich an Euch!« Ich ließ nun den Kreis wieder öffnen und entfernte mich.

Um 5 Uhr fuhr ich mit der ordinären Post, Schnellposten gab es damals noch nicht, von Danzig ab. Vor der Post hatten sich mehrere meiner Kameraden versammelt, um mir noch ein Lebewohl zu sagen. Mein Bursche war trostlos, wie ein treuer Hund lief er neben dem Wagen her;

ich wußte nicht, warum er es tat, doch sollte ich es bald erfahren. Im Wagen selbst waren drei Offiziere der Infanterie, ein Regimentsarzt und mehrere Herren von Zivil. Als wir uns dem Tore näherten, sah ich an demselben meine Kompanie im Ordonnanzanzuge in Reih und Glied aufgestellt. Ich besann mich, was denn heute beim Appell derartiges befohlen worden sei, konnte mich dessen aber nicht mehr erinnern. Wie nun der Wagen bei der Kompanie angekommen war, trat der Feldwebel heran und bat den Kondukteur, etwas anhalten zu lassen. Alsdann öffnete er die Wagentüre und sprach: »Herr Leutnant! die Kompanie hat sich hier freiwillig versammelt, um Sie noch einmal zu sehen, um sich bei Ihnen nochmals für alles Gute zu bedanken und Ihnen noch ein herzliches Lebewohl zu wünschen. Der Herr Leutnant Burg lebe hoch!« Ein dreimaliges einstimmiges Hoch folgte diesem Aufruf. – Mich überlief es eiskalt. Ich sprang aus dem Wagen, ich küßte die Unteroffiziere, die Bombardiere, die Kanoniere, ich gab ihnen die Hand, dankte ihnen für ihre Treue, für ihre Anhänglichkeit und für diesen, mich so ehrenden und erhebenden Beweis ihrer Zuneigung und sagte unter anderm: »Wenn es Eure Absicht gewesen ist, mir eine Freude zu bereiten, so habt Ihr diese Absicht in ihrem ganzen Umfange erreicht, ja die Freude ist so groß, so überwältigend, daß Ihr die Größe derselben kaum ahnen, viel weniger begreifen könnt.« Ich war gerührt und erschüttert und konnte mich der Tränen nicht enthalten. Der Kondukteur durfte nicht länger warten. Die Kanoniere trugen mich fast in den Wagen zurück, und ein donnerndes Hurra schallte uns nach, als wir zum Tore hinausfuhren. Auf der ganzen ersten Station saß ich still mit meinen Gedanken beschäftigt und konnte fast kein Wort hervorbringen. Die ganz unerwartete Szene hatte mich zu sehr ergriffen und machte einen um so tieferen Eindruck auf mich, als der mir von seiten meiner Kompanie gegebene Beweis treuer Anhänglichkeit nur ein solcher, nur der Erfolg einer persönlichen Zuneigung sein konnte, indem ich dieselbe jetzt verließ und es wahrscheinlich war, daß ich niemals wieder zu derselben zurückkehren würde. Bei meinen Reisegefährten schien ich dadurch sehr an Achtung gewonnen zu haben. Nach und nach fand ich mich wieder, wurde heiter und sehr froh gestimmt, obgleich mich der tiefe Eindruck auf der ganzen langen Reise von sechs Tagen und fünf Nächten nicht verließ. Und noch heute sind mir die Empfindungen, welche mir damals diese rührende und mich so ehrende Abschiedsszene verursachten, unendlich teuer, noch heute macht es auf mich einen höchst wohltätigen Eindruck, wenn ich von Danzig etwas höre, und mit inniger Freude gedenke ich der Stadt und der daselbst verlebten glücklichen Tage.

Absichtlich hatte ich meiner Mutter von meiner Versetzung nach Berlin nichts geschrieben. Ich wollte sie damit überraschen. Ihre herzlichste Freude, mich nun für immer bei sich zu wissen, war so groß wie ihre Liebe. Doch nur noch sechs Jahre konnte sie diese Freude genießen, dann starb sie, tief und schmerzlich betrauert von ihren Kindern. Es war eine seltene Frau, eine seltene Mutter. Ohne Vermögen, ohne anderer Hilfe hatte sie ihre sechs Kinder mit den unsäglichsten Anstrengungen und Opfern ernährt und erzogen. Fest auf Gott vertrauend, stellte sie sich diese große, von vielen als unausführbar betrachtete Aufgabe, und mit Gott hatte sie dieselbe glänzend gelöst. Was sie für uns alle, was sie besonders für mich getan hat, der ich ihr so große Sorgen und so viele Ausgaben verursachte, kann ich ihr nun und nimmermehr danken. Meine innigste Liebe, meine grenzenlose Dankbarkeit kann nur mit meinem Tode aufhören. Sie starb, betrauert und verehrt von allen, die sie kannten, und hochgeachtet von der ganzen Gemeinde. Friede und Ruhe ihrer Asche! - -

Hier auf Erden gibt es nun einmal kein vollkommenes Glück, keine ungetrübte Freude, und wiewohl mir meine ganz veränderte Stellung in vielen Beziehungen überaus lieb war, zumal ich damals noch nicht wissen konnte, welchen Einfluß dieselbe auf meine militärische Laufbahn nachmals äußern würde, so war diese Freude doch nicht frei von einem mich schmerzlich berührenden Gefühl. In Danzig lebte ich in einem mir sehr wohltuenden kameradschaftlichen Verhältnis mit den Offizieren meiner Brigade, sowie auch mit denen der anderen dort garnisonierenden Regimenter. Hier aber kam ich mir in dieser Hinsicht als alleinstehend, verlassen, ja gewissermaßen als verwaist vor. Die Schule, zu welcher ich von der ersten Artilleriebrigade kommandiert war, konnte mir hierfür keinen Ersatz bieten. Die Militärlehrer waren mir unbekannt, viel älter als ich, größtenteils verheiratet und wohnten zerstreut in der großen Stadt. Die Schüler bildeten nur ephemere Erscheinungen, waren jünger als ich, in der Mehrzahl Portepeefähnriche und zu sehr auf sich selbst angewiesen. Die Offiziere der anderen Infanterie- und Kavallerieregimenter waren mir fremd und fernstehend. Ich sehnte mich nach einem kameradschaftlichen Verhältnis, wie ich solches in so reichem Maße bei der ersten Artilleriebrigade genossen hatte. Und heute kann ich es mit frohem Herzen sagen, mein Alleinstehen, meine Verlassenheit dauerte nur kurze Zeit. Meine Sehnsucht wurde bald befriedigt, befriedigt durch das hochverehrte Offizierkorps der Garde-Artilleriebrigade.

Mit Vertrauen schloß ich mich demselben an, und mit einem wahrhaft herzlichen Wohlwollen wurde ich aufgenommen. Schon in der Einleitung habe ich das mir zuteil gewordene liebevolle Entgegenkommen erwähnt und meinen tiefgefühlten Dank ausgesprochen, und ich kann nicht umhin, denselben heute mit der herzlichsten Anerkennung im treuen Andenken zu wiederholen.

Als ich mich beim General von Strampff meldete, bat ich ihn, mir an Stelle des Unterrichts im Zeichnen den in der Mathematik zu übergeben, indem ich gerade an einer Augenschwäche litt und befürchtete, daß sich das Übel durch den Zeichenunterricht vergrößern könnte. Allein er sagte mir, daß nach einer Bestimmung Sr. Majestät des Königs die Mathematik auf der Schule nicht von Offizieren, sondern von Professoren gelehrt werden sollte. Er bemerkte dabei, daß ich großen Grund hätte, gerade mit der Übertragung *dieses* Unterrichts zufrieden zu sein, indem das Artilleriezeichnen bis jetzt in der Artillerie ohne besonderen Erfolg gelehrt worden sei, man dasselbe stets stiefmütterlich behandelt und deshalb ein nicht entsprechendes Ergebnis erlangt habe. Schließlich setzte er noch hinzu: »Sie haben durch diesen Unterricht eine Gelegenheit erhalten, sich in der Artillerie einen Namen zu verschaffen.« Auch der Prinz August empfing mich äußerst huldvoll und sagte: »Aus Ihren zweijährigen Vorträgen in der Mathematik hab ich entnommen, daß Sie eine gute Methode haben und sich zum Lehrfach eignen. Ihre zum Offiziersexamen eingereichten Zeichnungen zeigen, daß Sie in dieser Kunst schon etwas Bedeutendes geleistet haben. Ich nehme deshalb keinen Anstand, Ihnen den Unterricht im Artilleriezeichnen auf der Königlichen Artillerie- und Ingenieurschule zu übertragen. Es ist dies bis jetzt eine nur zu vernachlässigte Disziplin, und allerorten fehlt es mir an tüchtigen Zeichnern, deren ich jetzt so sehr bedarf. Ich habe die Überzeugung, daß Sie durch Ihren Eifer und durch Ihren Fleiß das in Sie gesetzte Zutrauen rechtfertigen werden.« Ich dankte dem Prinzen auf das ehrerbietigste für diese so gnädigen Äußerungen und bat ihn noch, huldvoll zu gestatten, daß mein Bursche mir aus Danzig nachgeschickt werden könne. »Das versteht sich von selbst«, war seine Antwort. »Sie erhalten Ihren Burschen immer von der Brigade, bei der Sie stehen, das kommt Ihnen von Rechts wegen zu.« Der Prinz ließ deshalb sogleich nach Danzig schreiben, und nach Verlauf von einigen Wochen war mein nun glücklicher Kanonier wieder bei mir.

Die Königliche vereinigte Artillerie- und Ingenieurschule zu Berlin war nur für Portepeefähnriche und Offiziere des Artillerie- und Ingenieurkorps bestimmt, von denen erstere zu Offizieren und die letzteren in den Berufswissenschaften weiter ausgebildet werden sollten. Die Einrichtung war ferner für zwei Klassen getroffen, der theoretische Unterricht sollte in jedem Kursus neun und der praktische drei Monate dauern. Sie war anfangs nur für 100 Schüler bestimmt worden, von welchen alljährlich fünfzig abgehen und ebensoviele hinzukommen sollten. Das Lokal im Gießhause war ihr vorderhand überwiesen und der Brigadeschule ein anderes übergeben worden.

Der General von Strampff hatte mich vor meinem Eintreffen schon mit Ungeduld erwartet, ich war dazu bestimmt, ihn bei der Einrichtung der Schule, wofür bis jetzt noch wenig oder gar nichts getan war, zu unterstützen und sollte gewissermaßen bei ihm den Dienst als Adjutant versehen. Mit der baulichen Einrichtung des Schullokals, mit der Beschaffung sämtlicher Utensilien, mit der Einrichtung, Beschaffung und Anordnung der Bibliothek und der Modellsammlung war kaum der Anfang gemacht worden. Dazu gab es eine Menge von Schreibereien anderer Art, die Anfertigung der verschiedenen Listen, des Stundenplanes, die Anlegung der erforderlichen Bücher, die Führung einer sehr ausgebreiteten Korrespondenz u. dgl. m. Kurz, es gab hier wieder sehr viel zu tun, und ich war vom Morgen bis Abend in einer ununterbrochenen Tätigkeit.

In einer Konferenz, welche der Direktor mit den Lehrern veranstaltete, machte er sie mit dem Zweck der Schule und mit der ganzen Einrichtung derselben bekannt und trug uns auf, baldmöglichst einen Prospektus einzureichen, aus welchem zugleich hervorgehen sollte, welche Reihenfolge jeder Lehrer bei der Einteilung seines Lehrobjektes befolgen wolle und wieviel Zeit er zu jedem Abschnitt zu gebrauchen beabsichtige, um mit dem vorgeschriebenen Pensum rechtzeitig auszukommen. Zum Schluß machte er uns noch die sehr erfreuliche Mitteilung, daß Se. Majestät jedem Lehrer eine dreimonatliche Zulage als Gratifikation bewilligt habe, die er uns auch sogleich auszahlte. Ich erhielt demgemäß 87 1/2 Taler, eine Summe, welche für einen Sekondeleutnant allerdings schon von Bedeutung war und mir zu meiner Einrichtung überaus gelegen kam.

Ich machte mich nun alsbald an die befohlene Arbeit und setzte in meinem Prospektus auseinander, daß ich mit einem Vortrag über die Theorie des Zeichnens den Unterricht beginnen und alsdann erst zum praktischen Zeichnen des Artilleriematerials übergehen würde. Dieser theoretische Vortrag sollte die Lehren der *geometrischen Zeichenkunst,* also die *beschreibende* oder *darstellende Geometrie* (Géométrie descriptive) und die Lehre von der Beleuchtung der Zeichnungen mit der hierzu gehörenden Konstruktion der

Schatten enthalten. Es würde dieser theoretische Teil ungefähr fünf Monate beanspruchen, so daß für den praktischen Zeichenunterricht im ersten Jahre nur noch vier Monate, im zweiten Jahre aber sämtliche neun, also im ganzen 13 Monate blieben, welche Zeit mir als vollkommen hinreichend erschiene, um den Unterricht in dem mir vorgeschriebenen Umfang erteilen zu können.

Als meine Ausarbeitung bei der zur Einrichtung der Schule niedergesetzten Kommission zur Beratung kam, wußten die alten Herren anfangs gar nicht, was sie zu dieser meiner Lehrmethode sagen sollten. Es war ihnen nicht nur durchaus neu, sondern erschien ihnen sogar unstatthaft und überflüssig, beim Unterricht im Zeichnen des Artilleriematerials mit einem theoretischen Unterricht über das geometrische Zeichnen im allgemeinen anfangen zu wollen, zumal die diesen theoretischen Teil enthaltenen Lehrobjekte bis jetzt noch niemals in der preußischen Artillerie vorgetragen, noch niemals bei der Ausbildung der Artilleristen gelehrt worden wären. Der mir zugefertigte Bescheid entsprach vollkommen dem Ergebnis dieser Beratung, und es wurde mir in demselben aufgegeben, *gänzlich* von meinem Vorhaben abzustehen, vielmehr das Artilleriezeichnen ganz in der Art zu lehren, wie es bis jetzt in der Artillerie gelehrt worden. Ich sollte sogleich, ohne alle theoretischen Vorträge, mit dem praktischen Zeichnen des Artilleriematerials anfangen, die verschiedenen Teile desselben bildlich darstellen lassen und demgemäß nach und nach von den leichteren zu den schwereren Gegenständen übergehen. Gleichzeitig wurde mir eine nicht unbedeutende Anzahl älterer, auf Pappe gezogener Artilleriezeichnungen überwiesen, welche ich als *Vorbilder* bei meinem Unterricht zu benutzen hätte. - Ich setzte nun ein Promemoria auf und sagte in demselben unter anderem, daß, wenn mir auf Grund der von mir gefertigten und eingereichten Zeichnungen der in Rede stehende Unterricht übertragen worden, ich daraus entnehmen müsse, daß meine hohen Vorgesetzten der Art und Weise, in welcher diese Zeichnungen behandelt und ausgeführt worden, ihren Beifall und ihre Zustimmung erteilt hätten und mithin mit Recht verlangen würden, daß meine Schüler das Zeichnen in eben der Art und Weise erlernen und die von ihnen zu fertigenden Zeichnungen in eben diesem Sinn und in eben diesem Geist darstellen. Um diesen Zweck aber zu erreichen, müsse ich das Zeichnen so lehren, wie ich es selbst erlernt hätte. Die Artilleriezeichnungen seien fast immer nur solche Zeichnungen, welche nach den Lehren der *geometrischen Zeichenkunst* angefertig würden. Das geometrische Zeichnen aber beruhe auf den Lehren der beschreibenden Geometrie (Géométrie descriptive), und deshalb sei es *unumgänglich nötig,* daß diese Lehren zuerst möglichst vollständig abgehandelt würden, bevor man zu ihrer praktischen Anwendung übergehen könne. Was ferner die mir überwiesenen Originalzeichnungen anbeträfe, so seien dieselben sowohl in Hinsicht der Projektion, als der Beleuchtung voller Fehler, weshalb ich sie keinesweges als Vorbild benutzen könne. (Die Unrichtigkeit derselben suchte ich durch unwiderlegliche Tatsachen darzutun und zu begründen.) Allein selbst dann, wenn sie vollkommen richtig wären, würde ich es dennoch nicht für zweckentsprechend halten, die Schüler nach Originalen zeichnen zu lassen, weil sie selbst beim Gebrauch der entsprechenden Maßtafeln doch zu oft Veranlassung fänden und fast unwillkürlich verleitet würden, die Vorzeichnung bei ihren Darstellungen zu benutzen. Derjenige, der eine Vorzeichnung zu kopieren vermöge, sei, selbst wenn die Kopie auch noch so gut geraten sollte, noch immer kein *Zeichner,* sondern nur ein mit mehr oder weniger Fähigkeiten begabter *Abzeichner.* Der Zeichner müsse vielmehr aus sich selbst und aus dem Vorrat seiner beim Unterricht erlangten Kenntnisse schöpfen und mit Benutzung der ihm gegebenen Formen und Abmessungen befähigt sein, nach und nach das Bild in seinen Umrissen und in seinen inneren Gestaltungen in Linien entstehen zu lassen, d. h. eine richtige Linearzeichnung zu fertigen und derselben, wenn es verlangt würde, eine nach den vorgetragenen Lehren richtige und der Natur entsprechende Beleuchtung durch das Tuschen des Bildes zu geben. Zur Erreichung dieses Zweckes sei aber ein theoretischer Unterricht, welcher die Lehren von den Projektionen und der Beleuchtung umfasse, unerläßlich und mithin unumgänglich notwendig. Nur durch diese allgemeine Vor- und Ausbildung würde der Zeichner in den Stand gesetzt, jeden sich ihm in der Praxis darstellenden Gegenstand nach mathematischen Gesetzen und Lehren richtig bildlich darzustellen; es bedürfe alsdann *keiner Vorbilder,* während er beim Erlernen des Zeichnens mit Hilfe der Vorbilder auch nur erlernt habe, dasjenige darzustellen, was er auf den Vorbildern wahrgenommen und nachgebildet habe. Bei der Darstellung anderer, von ihm noch nicht gezeichneten Gegenstände, und besonders bei ihm unbekannten Formen und schwierigen Zusammensetzungen der einzelnen Teile des darzustellenden Körpers würde er gewiß jedesmal auf Schwierigkeiten stoßen, in Verlegenheit geraten, sich nicht zu helfen wissen und demnach unrichtige Zeichnungen anfertigen, weil es ihm eben an der nötigen Vorkenntnis, an den Lehren der darstellenden Geometrie gebräche. Und deshalb hätte ich auch die festeste Überzeugung, daß die Schüler, ungeachtet der fünf Monate, die ihnen vom praktischen Zeichnen abgingen, dennoch mehr leisten, auch bessere und für den königlichen Dienst brauchbarere Zeichner würden, als wenn ihnen dieser Unterricht nur mechanisch, nach der hergebrachten und bis jetzt befolgten Weise, auf einer den Geist unbefriedigenden und dabei ermüdenden Methode, ohne ein Selbstschaffen erteilt würde. Da ferner die jetzt zu gründende Lehranstalt nicht nur zur Ausbildung der Artillerieoffiziere, sondern auch für die des *Ingenieurkorps* bestimmt sei und da die geometrische Zeichenkunst nicht nur das Fundament des Artilleriezeichnens, sondern auch das des Fortifikations- und des architektonischen Zeichnens bilde, und überhaupt alle Zeichnungen, welche irgend einen technischen Zweck hätten, nach den Lehren der geometrischen Zeichenkunst gefertig werden müßten, so sei selbstredend, daß die von mir beabsichtigte Lehrmethode auch zur Ausbildung der Ingenieuroffiziere notwendig, ja unerläßlich sei. Auch hier würde die auf den theoretischen Unterricht zu verwendende Zeit durch den Erfolg reichlich eingebracht werden. Der Ingenieuroffizier würde bei der Anfertigung von Zeichnungen, wie sie sein Beruf erfordere, den ihm gestellten Anforderungen entsprechend, nicht in Verlegenheit geraten, vielmehr aus dem Vorrat der früher erlangten Kenntnisse schöpfen und somit *richtige* und dem vorliegenden *Zweck entsprechende Zeichnungen* darstellen können.

Zum Schluß setzte ich noch hinzu, daß, wenn immerhin diese von mir vorgeschlagene Lehrmethode des Zeichenunterrichts auch für die preußische Artillerie neu sein sollte, dieselbe doch in *anderen* Artillerieschulen, und namentlich in den französischen, schon längst mit dem besten Erfolg angewendet werde. –

Dieses Promemoria war nun, wie natürlich, die Veranlassung zu einer heftigen Debatte in der Kommission. Mehrere Mitglieder wurden überzeugt und stimmten für die Einführung der Lehrmethode, andere konnten sich mit derselben aber noch nicht einverstanden erklären. Der Prinz August, welcher zu den ersteren gehörte, machte endlich dem Streit dadurch ein Ende, daß er bemerkte: Die beiden ersten Schuljahre könnten in vielen Beziehungen und bei mancher Disziplin nur als Probejahre betrachtet werden, und so wolle er auch den Leutnant Burg gewähren lassen, und die Einführung seiner neuen Methode bewilligen. Erfülle er sein Versprechen, so sei es gut und seine Methode habe sich bewährt, erfülle er es nicht, so würde er sich unsern Anordnungen fügen müssen. Und dabei verblieb es denn auch. Ich erhielt den Bescheid, daß ich meinen Unterricht nach dem von mir eingereichten Prospektus abzuhalten hätte.

Am 12. November 1816 wurde die Artillerie- und Ingenieurschule feierlichst eröffnet. Der Unterricht begann auf derselben und hatte sowohl in diesem, als in dem darauf folgenden Jahre einen ruhigen und ungestörten Fortgang. Der Prinz wie auch die Mitglieder der Kommission besuchten häufig meinen Unterricht und überzeugten sich, je länger je mehr, von der Zweckmäßigkeit und von der Nützlichkeit dieser neuen Methode. Meine Schüler machten vortreffliche Fortschritte und folgten dem Unterricht mit unverkennbarer Teilnahme. Ich mußte wöchentlich zwölf Lehrstunden, in beiden Klassen, erteilen, bekam auch den Befehl zur vollständigen Einrichtung und Verwaltung der Bibliothek und erhielt später eine Extrazulage von 50 Talern als Bibliothekar, so daß ich, außer meinem Leutnantsgehalt, eine für mich sehr ansehnliche Zulage von

400 Talern jährlich hatte. Die Vorbereitungen zu meinen Unterrichtsstunden in einem mir selbst bis jetzt neuen Lehrzweig, der Unterricht selbst, die Bibliothek, die Schreibereien beim General gaben mir eine hinlängliche Beschäftigung, wiewohl mir noch genügend Zeit zu Privatunterricht und zu Vergnügungen übrig blieb.

Die drei Sommermonate Juli, August und September waren für die praktischen Übungen der Schule bestimmt. Auf meinen Teil kam damals die Leitung der praktischen Übungen im Aufnehmen der Geschütze und Maschinen, die Besichtigung der Pulverfabrik und der Festung Spandau, wobei ich den Schülern gleichzeitig eine praktische Anweisung über die Aufstellung der Geschütze gegen die verschiedenen Angriffsarten einer Festung zu geben hatte. - Mit welchen Gefühlen sah ich im nächsten Sommer das alte, mir so wohl bekannte Spandau zum ersten Mal wieder! Die daselbst erlebten Freuden und Leiden traten in den lebhaftesten Farben vor mich. Die Namen von Bardeleben, von Scholten, Conradi, Vogell, Remschel und noch viele, viele andre drängten und verdrängten sich mit eiliger Hast in meiner Erinnerung und erweckten gleichzeitig die mannigfaltigsten, mich wehmütig-heiter stimmenden Empfindungen. -

Außerdem war ich noch bei den Laboratorienarbeiten und Schießübungen der Schule beschäftigt und mußte die Leitung derselben mit dem Lehrer der Artilleriewissenschaft gemeinschaftlich übernehmen. Hierbei hatte ich zuweilen Gelegenheit, mit dem jetzigen Major von Bardeleben, welcher damals Brigadier der in Berlin stehenden Gardeartillerie war, in dienstlicher Beziehung wieder zusammenzukommen; allein er zeigte mir auch jetzt ebensowenig seine Zuneigung, wie ich mich derselben in Spandau zu erfreuen hatte.

Schon im Februar 1818, also noch vor Beendigung des zweijährigen Kursus, erhielt ich vom Prinzen August den sehr ehrenvollen Auftrag, ein *Lehrbuch* auszuarbeiten, nach welchem das Artilleriezeichnen, und zwar ganz *nach der von mir eingeführten Methode,* auch in den neun Brigadeschulen der Artillerie gelehrt werden sollte. Er wollte, seiner Äußerung nach, hierdurch bezwecken, daß dieser Unterricht im gesamten Artilleriekorps in *einem* Geiste gelehrt und getrieben werden könne, daß sich eine für das Ganze ersprießliche Einheit herausstelle und die Schüler, schon vorbereitet, an meinem Unterricht in der Artillerie- und Ingenieurschule teilnehmen könnten. Ich würde sie alsdann auf der Schule weiterführen können und nicht nötig haben, in jedem Jahre ganz von vorn anzufangen. Es war dies allerdings eine sehr große Genugtuung für mich und zeigte, wie sehr zufrieden der Prinz und auch die andern Herren nicht nur mit diesem neuen Unterricht, sondern auch mit den Leistungen und mit dem Erfolge waren.

Anfangs war bestimmt worden, daß die mir aufgetragene schriftliche Bearbeitung meines Unterrichts nur ein möglichst kurzer Leitfaden werden sollte. Allein das Werk wuchs mir, ganz gegen mein Erwarten, unter den Händen so mächtig an, daß ich es in zwei Bänden, mit einer entsprechenden Anzahl von Kupfertafeln herausgeben mußte. Nachdem ich beinahe vier Jahre daran gearbeitet hatte, erschien es unter dem Titel: »*Die geometrische Zeichnenkunst,* oder vollständige Anweisung zum Linearzeichnen, zur Konstruktion der Schatten und zum Tuschen usw. zunächst zum Gebrauch in den Königl. Preußischen Artillerieschulen von M. Burg, Leutnant in der ersten Artilleriebrigade und Lehrer an der Königl. Artillerie- und Ingenieurschule. Berlin 1822.«

Der erste Teil enthielt: die darstellende Geometrie, die Lehre von der Beleuchtung der Zeichnungen und die Konstruktion der Schatten; *der zweite Teil:* das Zeichnen und Aufnehmen des Artilleriematerials. Es hatte sich schon vor dem Erscheinen eine so bedeutende Anzahl von Subskribenten gemeldet, daß die Verlagsbuchhandlung ihre Kosten beinahe gänzlich gedeckt sah.

Wer unsern erlauchten Chef gekannt hat, wem das Glück geworden, unter seinem Befehl zu stehen, der weiß auch, mit welchem großen und unermüdlichen Eifer dieser stets tätige und erhabene Fürst alles betrieb, was ihn nur einigermaßen interessierte. So oft er mich in dieser Zeit sah, es mochte in der Schule oder bei einem andern Dienstverhältnis oder bei der Tafel, ja selbst auf der Promenade sein, so oft fragte er mich, ob ich denn noch nicht fertig wäre, wie lange ich noch zu arbeiten hätte, wann ich das Manuskript einschicken würde, u. dgl. m. Als ich endlich diese Arbeit vollendet hatte, schickte ich dem Prinzen das Manuskript und die dazu gehörigen Zeichnungen. Er nahm beides mit nach Spaa, wohin er zum Gebrauch der dortigen Bäder reiste und hat in Spaa das ganze starke Manuskript nicht nur durchgelesen, sondern sogar mit eigenhändigen Randbemerkungen versehen, auf welche er mich bei der Rückgabe noch besonders aufmerksam machte. Es ist dieses ein neuer Beweis, wie unermüdlich fleißig dieser seltene Mann stets war, und mit welchem nicht genug anzuerkennenden Eifer er sich dem königlichen Dienst nach jeder Richtung hin ergab. Auf seinen Befehl mußte ich es noch vor dem Druck der Artillerieprüfungskommission zur Durchsicht übergeben, was mir in vielen Beziehungen nur sehr erfreulich sein konnte. Als ich das Manuskript und die Zeichnungen, von der

Artillerieprüfungskommission überaus günstig beurteilt, zurückerhalten und die mir mitgeteilten Bemerkungen, mit welchen ich einverstanden war, in dasselbe aufgenommen hatte, wurde es dem Druck übergeben. Die dazu gehörigen Zeichnungen wurden von einem bedeutenden Künstler in Aquatinta vortrefflich ausgeführt.

Aus dem sehr langen Briefwechsel, welchen die Bearbeitung und die Herausgabe dieses Werkes herbeigeführt hatte, will ich, zur Kenntnisnahme des ganzen Sachverhältnisses, nur ein an mich gerichtetes Schreiben meines erlauchten Chefs, und ein Schreiben desselben an Se. Majestät den König mitteilen:

»An den Königlichen Leutnant der Artillerie usw. Herrn Burg.

Ich danke Ihnen für den mir überschickten zweiten Teil Ihres Werkes und habe von Neuem mit vielem Wohlgefallen den Eifer und die Sorgfalt erkannt, mit welcher Sie den Druck und die Bearbeitung der Kupfertafeln geleitet haben. Da ich Ihr Werk in jeder Hinsicht als sehr gelungen und dem Zweck entsprechend gefunden, so werde ich Se. Majestät den König bei Überreichung des für Allerhöchstdenselben bestimmten Exemplars bitten, für jede Abteilung und für jede Handwerkskompanie, mithin im ganzen 36 Exemplare, ankaufen zu lassen, und Ihnen Allerhöchstdero Zufriedenheit für den Fleiß, mit dem Sie sich dieser Arbeit unterzogen haben, Allergnädigst zu erkennen zu geben. Das an Se. Majestät den König gerichtete Schreiben füge ich in der abschriftlichen Anlage zu Ihrer Kenntnis bei.

Berlin, den 2. März 1822.

gez. August, Prinz von Preußen.«

»An seine Majestät den König.

Eure Königliche Majestät wage ich um die Allerhöchste Genehmigung zur Einführung des vom Leutnant Burg der Artillerie bearbeiteten Werkes als allgemeines Lehrbuch im Artilleriezeichnen alleruntertänigst zu bitten, und zu diesem Ende für das Artilleriekorps im ganzen 36 Exemplare desselben Allergnädigst ankaufen lassen zu wollen. Diesen ehrerbietigsten Antrag erlaube ich mir durch folgende Gründe alleruntertänigst zu unterstützen. Da es bis jetzt an einem Lehrbuch für das Artilleriezeichnen fehlte, so konnte der Unterricht in diesem für die artilleristische Ausbildung so wichtigen Gegenstande auf den verschiedenen Bildungsanstalten nicht immer nach denselben Grundsätzen und auf eine gleichmäßige Art erteilt werden. Die Folge davon war, daß der Lehrer auf der vereinigten Artillerie- und Ingenieurschule beim Eintritt der Schüler nicht auf dem schon in den Brigadeschulen erteilten Unterricht im Artilleriezeichnen fortbauen konnte, sondern genötigt war, teilweise wieder mit den Anfangsgründen anzufangen, um die Schüler erst mit seinen Grundsätzen bekannt zu machen. Hierdurch geht viel Zeit verloren, welche bei einer zweckmäßigen und allgemein eingeführten Lehrmethode erspart und für andere wichtige Unterrichtsgegenstände benutzt werden könnte.

Diesem Mangel abzuhelfen, beauftragte ich den Leutnant Burg, welcher seit Stiftung der Artillerie- und Ingenieurschule den Unterricht im Artilleriezeichnen mit vieler Gründlichkeit, Umsicht, Sachkenntnis und dem glücklichsten Erfolge geleitet hat, einen allgemeinen Leitfaden für diesen Unterricht auszuarbeiten.

Das Manuskript habe ich selbst durchgesehen, es der Artillerieprüfungskommission zur Durchsicht und Beurteilung übergeben und die darüber gemachten Bemerkungen dem Verfasser zur Benutzung mitgeteilt, daher ich die Überzeugung hege, daß dieses Werk vollkommen seinem Zwecke entsprechen wird. Um dasselbe allgemeiner und auch für Ingenieure und Bauverständige nützlich zu machen, hat der Verfasser den früheren Plan, nach welchem es bloß für Artilleristen bestimmt war, weiter ausgeführt und das Werk in drei Teile abgefaßt, wovon der erste Teil die allgemeinen Grundsätze der Zeichenkunst und der Beleuchtung (darstellende Geometrie, Géométrie descriptive), der zweite die Anwendung derselben auf Artilleriegegenstände und das Aufnehmen der Geschütze, Wagen, Maschinen usw., der dritte die Anwendung jener allgemeinen Lehren auf das Zeichnen der Architektur enthält. Es sind daher eigentlich nur die beiden ersten Teile, welche den Artilleristen interessieren, und deren Preis sich wegen der vielen erforderlichen Kupfertafeln auf 6 Taler beläuft.

Eure Königliche Majestät wage ich hierbei in tiefster Untertänigkeit die beiden ersten Teile dieses Werkes zu Füßen zu legen. In beiden Teilen sind diejenigen Kapitel und Paragraphen bezeichnet worden, welche nur für den Unterricht auf den Brigadeschulen geeignet sind.

Da der Unterricht im Artilleriezeichnen ein sehr wesentlicher Gegenstand der artilleristischen Ausbildung ist, indem er die beste Gelegenheit darbietet, die Konstruktion der Geschütze, Fahrzeuge und Maschinen genau kennen zu lernen, und dieser Unterricht auch das Aufnehmen der Geschütze usw. enthält, dessen Kenntnis ein sehr notwendiges Erfordernis für jeden Artillerieoffizier ist, so halte ich diesen Gegenstand einer besonderen Aufmerksamkeit wert.

Eure Königliche Majestät bitte ich daher ehrfurchtsvoll, meinem alleruntertänigsten Antrage ein geneigtes Gehör zu leihen, da dies Werk des Leutnant Burg das beste und in gewisser Hinsicht das einzige ist, was über diesen Gegenstand erschienen ist, und dem Verfasser, welcher sich der Bearbeitung mit vielem Eifer und großer Sorgfalt unterzogen hat, Allerhöchstdero Zufriedenheit zu erkennen zu geben.

Berlin, den 2. März 1822.

gez. August, Prinz von Preußen.«

In einem Schreiben vom 6. März teilte mir nun der Prinz mit, daß Se. Majestät der König mittels Allerhöchster Kabinettsorder vom 4. d. M. den ganzen Vorschlag genehmigt und Sr. Königlichen Hoheit den Auftrag erteilt habe, mir die Allerhöchste Zufriedenheit mit meinen Leistungen zu erkennen zu geben.

Ich war über den ganzen Ausgang dieser für mich so höchst wichtigen Angelegenheit, für deren Gelingen ich anfangs einen so harten Kampf zu bestehen hatte, sehr erfreut, und es war mir eine überaus große Genugtuung, mein Lehrbuch auf Befehl des Königs in allen Artillerieschulen der preußischen Monarchie als Leitfaden eingeführt zu sehen. Vom Kaiser von Rußland, dem ich auf Veranlassung des Prinzen August ein Exemplar des Werkes überschickte, erhielt ich einen kostbaren Brillantring zum Geschenk, sowie auch andere regierende Fürsten und hochgestellte Militärs, welche die Schule mit ihrem Besuch beehrten, mir zu meiner großen Freude Beweise der Anerkennung und der Zufriedenheit wiederholt gaben.

In den folgenden Jahren hatten der theoretische Unterricht und die praktischen Übungen bei der Schule einen ungestörten Fortgang, und es traten keine Veränderungen bei derselben ein, die hier einer besonderen Erwähnung wert wären. Nur will ich noch anführen, daß ich auf Veranlassung des Generals von Strampff in den Nachmittagsstunden ein Repetitorium der Mathematik abzuhalten hatte, indem dem Lehrer der Mathematik nicht hinlängliche Zeit übrig blieb, um den jungen Leuten die notwendige Gewandtheit im Lösen mathematischer Aufgaben beizubringen. Ich übernahm dieses Repetitorium recht gern, einmal nach dem alten militärischen Sprichtwort: »je mehr Dienst, je mehr Ehre«, zweitens, weil es mir die Gelegenheit verschaffte, mich meiner Waffe und der Schule immer nützlicher zu machen, und drittens, weil ich hierdurch Veranlassung fand, meine bis dahin erlangten mathematischen Kenntnisse nicht zu vergessen, mich vielmehr darin auszubilden, zu befestigen.

Ich bin der festen Überzeugung, daß im Laufe der Zeit auch ohne mich der bis dahin befolgte alte Schlendrian beim Unterricht im Artilleriezeichnen nachgerade aufgehört hätte, daß bei der fortschreitenden Intelligenz auch gewiß ein anderer Lehrer die handwerksmäßig unvollständige und durchaus unzulängliche Lehrmethode verlassen und es für unumgänglich nötig angesehen hätte, diesen Unterricht auf die Grundsätze und Lehren der darstellenden Geometrie und der Beleuchtung zurückzuführen und nach derselben zu erteilen. Daß es aber gerade mir beschieden war, unsere Artillerie mit diesen Lehren bekannt zu machen und die Einführung derselben sowohl beim Zeichnen des Artilleriematerials, als auch beim Fortifikations- und architektonischen Zeichnen, so wie diese Disziplinen auf der Schule gelehrt wurden, zu bewirken, das gehört mit zu den unendlich vielen Beweisen der Gnade und Barmherzigkeit, welche der allgütige Gott mir stets so unverdient, so wunderbar hat angedeihen lassen. Und nun diese Methode einmal eingeführt ist, kann sie nun und nimmermehr verdrängt werden. Man kann ihr vielleicht diese oder jene veränderte Form geben, aber ihre Grundlehren müssen bleiben, müssen angewendet werden, so lange die Mathematik eine Wahrheit ist, so lange man richtig und dem Zweck entsprechend zu zeichnen beabsichtigt.

Der General von Strampff war ein durch und durch redlicher alter Mann und ein treuer Diener seines Königs. Wenn er nach den täglichen vielen Geschäften noch spät des Abends da saß und hunderte von Heften der Schüler vor sich hatte, die er durchlas und mit Anmerkungen versah, dann hielt ich es für meine Pflicht, ihn manchmal zu bitten, er möge sich doch eine Erholung gönnen und sich in seinem hohen Alter nicht allzusehr anzustrengen. Seine Antwort war alsdann in der Regel: »Seine Majestät der König haben mir das Wohl und das Weh von hundert Jünglingen anvertraut, dieses Zutrauen muß ich zu rechtfertigen wissen.« Er war dabei ein sehr gottesfürchtiger, edler Mann, ein frommer Christ, jedoch weder Frömmler noch Heuchler. Wir sprachen manchmal bis nach Mitternacht über religiöse Gegenstände. Es war der Wunsch seines Herzens, daß ich mich taufen lassen sollte, und dennoch mußte ich ihm das Versprechen geben, es niemals aus weltlichen Rücksichten oder aus schnödem Gewinn, sondern *nur dann* zu tun, wenn der heilige Geist über mich kommen und mit unwiderstehlicher Gewalt mich dazu antreiben würde. Ich gab ihm mein Versprechen und werde es, so Gott will, halten. Er wurde im Jahre 1823 als Generalleutnant verabschiedet und starb bald darauf, hochgeachtet und verehrt von allen, die ihn *genauer* kannten.

Im September 1820 wurde ich zu Sr. Hoheit dem Herzog *Carl* von Mecklenburg-Strelitz befohlen. Er fragte mich, ob ich wohl geneigt wäre, den Unterricht in der Mathematik in der ersten Klasse der Gardedivisionsschule zu übernehmen. Der Herzog hatte mich nämlich früher kennen gelernt, als ich seinem Neffen, dem leider so früh verstorbenen, überaus liebenswürdigen Prinzen *von Thurn und Taxis,* Unterricht in der Mathematik gegeben. Ich erwiderte, wie ich mich durch diesen Antrag sehr hochgeehrt fühle, daß ich den Unterricht auch gern übernehmen wolle, daß ich aber hierzu die Erlaubnis Sr. Königl. Hoheit des Prinzen August haben müsse, indem es kein Privat-, sondern ein öffentlicher Unterricht an einer königlichen Lehranstalt sei. Der Herzog ging auch sogleich darauf ein, schrieb deshalb an den Prinzen und erhielt den Bescheid: »Er wolle es zwar sehr gern gestatten, daß ich den in Rede stehenden Unterricht an der Gardedivisionsschule übernehme, ich würde denselben aber wahrscheinlich nur solange geben können, bis das projektierte Gebäude der Artillerie- und Ingenieurschule vollendet wäre, was allerdings noch einige Jahre dauern könnte. Ich sei nämlich zum zweiten Aufseher für die Schule bestimmt, müsse alsdann in dem Schulgebäude wohnen und würde der vermehrten Geschäfte wegen alsdann keine Zeit übrig behalten, den Unterricht fortzusetzen.«

Infolge dieses Erlasses des Prinzen August K. H. begann ich im Oktober meine Vorträge in der Mathematik bei der genannten Schule. Die Lehrstunden mußten meines Unterrichts auf der Artillerie- und Ingenieurschule wegen auf die Morgenstunden von 7-8 und von 7-9 Uhr verlegt werden, was mir in den Wintermonaten, wo der Unterricht bei Licht gegeben werden mußte, allerdings ziemlich unbequem war.

Meinem Vorsatz getreu, will ich hier ein in diese Periode fallendes, mit meiner Religion in naher Verbindung stehendes Ereignis mitteilen, welches aber nicht den scherzhaften und harmlosen Ausgang wie die anderen hatte, wenigstens für die erste Zeit sehr verstimmend auf mich einwirkte.

Eines abends war ich zu einem hiesigen hohen Zivilbeamten, dem Präsidenten P., dessen bei der Artillerie stehendem Sohn ich Unterricht in der Mathematik erteilte, zu einer zahlreichen Gesellschaft geladen. Nach dem Tee wurden mehrere Spieltische arrangiert und ich an einem derselben mit noch drei anderen Herren, unter welchen sich ein Professor, namens B., von der Berliner Universität befand, plaziert. Wir spielten Whist. Ich bekam vortreffliche Karten, und wiewohl ich kein besonders guter Whistspieler war und bin (was mir mein sehr verehrter Freund, der Herr Major Baron v. d. G. gewiß bezeugen wird), so spielte ich diesen Abend mit besonderen Glück. Hierdurch und durch meine muntere Laune, vielleicht drollige Bemerkungen, hatte ich mir das Wohlwollen des Herrn Professors, mit dem ich den ganzen Abend fast immer zusammenspielte, in dem Maße erworben, daß er mich nach Beendigung des Spieles aufforderte, bei der Abendtafel sein Nachbar zu sein. Ich ging sehr gern darauf ein, und wir setzten uns an das Ende der Tafel. In unserer Umgebung wurde viel und lebhaft geplaudert, gegessen, noch mehr aber getrunken. Mein alter Professor ging mir in letzterer Beziehung mit einem großartigen Beispiel voran, und ich als junger Offizier bemühte mich nach Maßgabe seines wiederholten Zuredens, diesem Beispiel zu folgen. Gegen das Ende der Tafel kam das Gespräch auf das Theater und gleichzeitig auf die Oper »Joseph in Ägypten«, welche an diesem Abend gegeben wurde. Bei dieser Gelegenheit sagte ein in unserer Nähe sitzender Herr: »Da sieht man doch, die Juden konnten und können nun einmal das Schachern nicht lassen, und sollte es ihr eigener Bruder sein, gehandelt muß werden.« Diese Bemerkung gab nun dem Gespräch eine ganz andere Richtung, und jeder wußte etwas anderes, Gehässiges, Judenfeindliches und mich tief Verletzendes mitzuteilen. Ich nahm, wie natürlich, an der ganzen Unterhaltung äußerlich nicht den mindesten Anteil, sondern ließ meinen aufgeregten Gedanken freien Lauf. Der Herr Professor, welcher wohl meine scheinbare Teilnahmlosigkeit bemerkt haben mochte, wendete sich nun zu mir, faßte mich auf den Arm und sagte: »Herr Leutnant, Sie sind noch ein junger Mann, hören Sie meinen Rat und nehmen Sie sich vor dieser bösen, bösen Nation in acht. Ziehen Sie sich zurück, wenn Sie mit Juden in Berührung kommen, es hat der Verkehr mit ihnen noch niemandem Segen gebracht.« Das war mir denn doch zu arg. Das Maß meiner Geduld war erschöpft, und mit einer nur mühsam versteckten Entrüstung sagte ich: »Das wird schwer angehen. Von meinen lieben und teuren Verwandten werde ich mich niemals zurückziehen, und von mir selber, das ist rein unmöglich. Immerhin ist es aber empörend, noch in unserer Zeit von gebildeten Männern solch menschenfeindliche, mittelalterliche Gesinnung zu hören.« Die hierauf folgende Szene, die überaus große Verlegenheit der Herren, meine Gemütsstimmung, darf ich wohl nicht erst beschreiben. Jeder gefühlvolle Mensch wird sie sich mit den lebhaftesten Farben selbst ausmalen können, und so wie er sie sich ausmalt, so war sie. Der Herr Professor wollte sich bei mir entschuldigen und sagte, daß er nicht gewußt habe und nicht ahnen konnte, daß ich ein Jude sei. Ich erwiderte ihm hierauf, daß es gar keiner Entschuldigung bedürfe, daß ich mich ihm vielmehr insofern zum Dank verpflichtet fühle, als ich eben durch ihn heute Abend um eine große Erfahrung reicher geworden sei. Die Tafel wurde nun bald aufgehoben. Ich ging sehr verstimmt nach Hause, und muß gestehen, daß diese Verstimmung noch eine Zeitlang nachhaltig auf mich einwirkte. Es sind nun viele Jahre seit jenem Abend verflossen, aber die Eindrücke desselben sind noch so lebhaft in meiner Erinnerung, als hätte ich ihn eben erst erlebt. Wenn ich nachmals mit dem Professor oder mit den andern Herren, die an der Unterhaltung teilgenommen hatten, zusammenkam, wie das zuweilen wohl der Fall war, so war gegenseitig eine gewisse Befangenheit nie zu verkennen. Wir sprachen über höchst gleichgültige Dinge kalt miteinander; doch jener Abend bei dem Präsidenten P. wurde niemals erwähnt. -

Im Jahre 1820 oder 1821 besuchte mich ein Sekondeleutnant D. der achten Artilleriebrigade. Ich hatte denselben früher in Berlin, als er noch Portepeefähnrich in der sechsten Artilleriebrigade war, kennen gelernt und achtete ihn seiner tüchtigen mathematischen Kenntnisse und seiner gegen mich geäußerten Gesinnungen wegen, welche ihn abhielten, leichtfertig und überzeugungslos von der jüdischen Religion, zu welcher er sich bekannte, zur christlichen überzutreten. Nach den ersten Begrüßungen bemerkte er, wie er mich schon deshalb hier aufgesucht haben würde, um mir seinen wärmsten Dank zu erkennen zu geben, indem er es vorzugsweise mir zu danken habe, daß er zum Offizier befördert worden. Ich erwiderte ihm, daß ich zwar mit großer Teilnahme seine Beförderung vernommen, aber auch nicht das Allermindeste zu derselben beigetragen habe. Das wisse er sehr gut, war sein Antwort, aber ich hätte wenn auch nicht direkt, so doch indirekt höchst vorteilhaft darauf eingewirkt, welche Behauptung er mir durch folgende Mitteilung erklärte. Als er nämlich von seiner Brigade aus nicht zum Offizier eingegeben, vielmehr ohne weitere Motivierung übergangen worden war, fand sich der Prinz August K. H. veranlaßt, bei dem Brigadekommando um den Grund dieser Umgehung anzufragen, und erhielt vom Brigadier Oberst v. M. die Benachrichtigung, daß er zwar gegen den Portepeefähnrich D. in keiner Hinsicht etwas einzuwenden, sich aber auch nicht für ermächtigt gehalten habe, ihn als Jude zur Offizierbeförderung einzureichen. Der hochherzige Prinz befahl darauf, daß, wenn gegen den Portepeefähnrich D. weiter nichts vorliege, er sofort eingegeben werde. Es sei die Religion des D. kein Hindernis zu seiner Beförderung, so wie solches bei dem Leutnant Burg, der auch ein Jude sei, nicht der Fall wäre, und es habe sich dieser Offizier so bewährt, daß er keinem seiner christlichen Kameraden nachstehe.

Es war mir diese Mitteilung überaus erfreulich und von dem größten Interesse und zeigte mir aufs neue, wie vorurteilsfrei und hochherzig im allgemeinen, wie wohlwollend und huldvoll der edle Prinz meiner im besonderen gedachte, wie nachsichtsvoll er meine geringen Leistungen und Dienste beurteilte.

Am 10. Oktober 1823 wurde das neue Schulgebäude unter den Linden, welches an der Stelle der alten Pontonhäuser aufgeführt worden, der Direktion der Schule förmlich übergeben, und am 12. d. M. begann der Unterricht in diesem neuen Lokale. Das Gebäude war so eingerichtet, daß sich außer den verschiedenen Hör- und Zeichensälen und außer den andern zum Bedarf der Schule und der Sammlungen nötigen Räumen noch die Wohnungen für 100 Schüler und für zwei Aufseher (jetzt für drei) in demselben befanden. Ich wurde zum zweiten Aufseher ernannt, behielt die andern Posten größtenteils bei und bekam eine gutgelegene und mir sehr zusagende Dienstwohnung im Schulgebäude. Der erste Aufseher war der Premierleutnant Pauli, derselbe, welcher ehemals in Gübs die Laboratorienkolonne kommandierte. Gleichzeitig wurde ich Protokollführer der Studienkommission der Schule und hatte als solcher auch die Korrespondenz derselben zu führen. Dieser neuen Dienstgeschäfte wegen war ich genötigt, den Unterricht bei der Gardedivisionsschule aufzugeben und wurde auch von seiten der Schule von einem Teil der praktischen Übungen entbunden, so daß ich von letzteren nur noch das Aufnehmen der Geschütze und Maschinen und die Schießübungen beibehielt. So ehrenvoll mir das von meinen Vorgesetzten geschenkte Vertrauen auch einerseits sein mußte, und so sehr ich es zu würdigen wußte, daß mir die Aufsicht über eine so bedeutende Anzahl junger Militärs, die als Offizierskandidaten zu betrachten waren, übertragen worden, so war mir meine Stellung dessenungeachtet keinesweg erwünscht. Der Posten eines Aufsehers gehört wahrlich weder zu den angenehmen, noch zu den dankbaren, zumal es *damals* noch an *aller* Erfahrung fehlte, wie ein gemischter, nur aus *Portepeefähnrichen* bestehender Truppenkörper richtig zu handhaben und in ihrem Interesse sowie im Interesse des königlichen Dienstes zu leiten sei. Aber auch bei den älteren Kameraden konnte ich mir keine Belehrung hierüber holen, indem dieses Verhältnis in der preußischen Armee noch neu und die Anordnung, daß hundert Portepeefähnriche während zweier Jahre in einem Gebäude zusammen *wohnen* und an dem Unterricht gemeinschaftlich teilnehmen, noch niemals stattgefunden hatte. Die Verwaltung dieses Postens wird aber dadurch um so mißlicher und um so schwieriger, als die im Schulgebäude wohnenden Portepeefähnriche nicht einem und demselben Truppenteile angehören, sondern von den neun Artilleriebrigaden und ebensoviel Pionierabteilungen, mithin aus sämtlichen Provinzen der preußischen Monarchie, zur Schule geschickt werden. Es ist deshalb leicht zu erachten, mit welcher Umsicht und Behutsamkeit man zu Werke gehen muß, um so viel verschiedene Elemente in eine Form zu bringen und darin zu erhalten. Die voneinander so abweichende Privat- und militärische Erziehung dieser jungen Leute, ihre verschiedenen Gewohnheiten und die nach den einzelnen Provinzen verschieden gestalteten Lebensarten und Lebensansichten werden gewiß, und namentlich im Anfange, einen mehr oder weniger nachteiligen und störenden Einfluß auf das kameradschaftliche Verhältnis derselben äußern, fast unvermeidliche Reibungen herbeiführen und so das ruhige und friedliche nahe Zusammenwohnen in einem und demselben Gebäude nur noch mehr erschweren. Bedenkt man ferner, daß die Aufseher nicht nur den Fleiß, sondern auch die dienstliche Führung und den sittlichen Wandel dieser jungen Leute überwachen, daß sie das Ehrgefühl derselben stets schonend vor Augen haben und weder mit einer zu weit getriebenen Strenge, noch mit einer zu großen Nachsicht verfahren sollen, so läßt sich schon hieraus entnehmen, mit welcher Vorsicht, Besonnenheit und Kenntnis des Dienstverhältnisses, mit welchem sichern und richtigen Takt die Aufseher verfahren müssen, um sich die Zufriedenheit der Vorgesetzten und das so nötige Zutrauen ihrer Untergebenen zu verschaffen. Bei der Übernahme dieses Postens war ich mir alles dessen vollständig bewußt und erkannte sehr bald, daß diese an sich schon schwierige Stellung für mich als Jude noch um so schwieriger sein, eine um so größere Vorsicht in Anspruch nehmen würde. Deshalb richtete ich auch mein Augenmerk zuförderst und vorzugsweise auf mich selbst, gab fortwährend auf mich Achtung und bestrebte mich, durch mein Benehmen überhaupt, durch mein möglichst ruhiges und sich gleichbleibendes Verhalten, durch eine strenge Gerechtigkeitsliebe und Unparteilichkeit, sowie andererseits durch eine Schonung und unschädliche Nachsicht mir das notwendige Zutrauen und die Liebe der jungen Leute zu erwerben. Und mit des allgütigen Gottes Hilfe wurden meine Bestrebungen mit dem besten Erfolge belohnt, denn während des ganzen Zeitraums, wo ich den Dienst als Aufseher bei der Schule versah, ist *nichts* vorgefallen, was mir zu irgend einer erheblichen Klage der Art hätte Veranlassung geben können.

Nur ein an sich wenig bedeutendes Ereignis will ich dessenungeachtet hier mitteilen, weil eben meine Religion dabei influierte.

An einem schönen Sommertage gehe ich mit dem Hauptmann *von Frankenberg,* Adjutant Sr. K. H. des Prinzen August (jetzt Generalmajor und Inspektor), unter den Linden. Ein Portepeefähnrich v. C. von der fünften Artilleriebrigade, welcher von letzterem näher gekannt war, gesellt sich zu uns. Welche Wendung unsere Unterhaltung damals genommen hatte, weiß ich zwar jetzt nicht mehr, nur soviel weiß ich, daß der Portepeefähnrich v. C. sich gelegentlich dahin äußerte, daß in der Provinz Posen die Juden für die Osterfeiertage christliche Kinder schlachteten, indem sie infolge ihres Gesetzes das Blut derselben zu ihren Osterkuchen gebrauchten. Wir erwiderten beide kein Wort auf diese Äußerung, nur Hauptmann v. F. zuckte mit den Achseln und brachte das Gespräch sehr bald auf einen andern Gegenstand. Den folgenden Tag kam der Portepeefähnrich v. C. auf mein Zimmer und versicherte mir, wie sehr leid es ihm tue, sich gestern gegen mich so vergangen zu haben, und wie sehr er seine Unbedachtsamkeit bereue. Ich möchte ihn für das Vergehen, welches er sich gegen mich habe zu Schulden kommen lassen, lieber bestrafen, ihm aber verzeihen und nicht weiter nachtragen. Wiewohl ich nun sehr gut wußte, worum es sich hierbei eigentlich handelte, so sagte ich dennoch zu ihm, daß mir durchaus kein Vergehen von seiner Seite gegen mich bekannt sei, ich nicht wisse, wovon hier die Rede und mithin weder etwas zu bestrafen noch zu verzeihen habe. Er erwiderte mir hierauf, daß er gestern in Gegenwart des Hauptmanns v. F. über das Verhalten der Juden in Polen unvorsichtigerweise gesprochen habe und nun befürchten müsse, mich durch jene Äußerung verletzt zu haben, obgleich er mir die heiligste Versicherung geben könne, daß es ganz absichtslos geschehen, ihm die begangene Rücksichtslosigkeit erst später eingefallen sei und eine unruhige Nacht verursacht habe. Ich gab ihm nun auch *meine* heilige Versicherung, daß er in dieser Beziehung vollkommen ruhig sein könne, daß seine Mitteilung mich zwar nicht verletzt, aber im hohen Grade in Erstaunen gesetzt habe, daß ich übrigens solche wahrhaft unsinnige Behauptungen schon manchmal habe hören müssen und vielleicht noch oft hören, aber stets unbeantwortet lassen werde. Denn eine Behauptung, deren Inhalt so schnurstracks gegen die Gesetze der jüdischen Religion sei, wäre ebenso unerfreulich zu widerlegen, als es unnütz sein würde, so krasse Vorurteile durch Worte beseitigen zu wollen. Ich wiederholte ihm meine obige Versicherung nochmals, indem ich ihm die Hand darauf gab, und entließ ihn vollkommen zufriedengestellt. Sein dienstliches Benehmen auf der Schule war übrigens von der Art, daß ich auch in der Folge niemals Veranlassung fand, mich tadelnd gegen ihn auszulassen, was mir nach dem hier mitgeteilten Gespräch nur um so lieber sein konnte.

Die Begebenheit, durch welche ich von dem Posten eines Aufsehers entbunden wurde und die Art, auf welche es geschah, ist nicht ohne Interesse und zeigt, daß es auch mir in meinem Dienstverhältnissen nicht immer an unerfreulichen Erfahrungen gemangelt hat.

Schon seit einiger Zeit waren die Portepeefähnriche mit ihrem Mittagstisch unzufrieden; es kamen zwar deshalb häufig Klagen zur Direktion, doch wurden sie nur wenig berücksichtigt, und es blieb in der Regel beim Alten. Der damaligen bestehenden Schulordnung gemäß mußte der Aufseher du jour beim Essen im Speisesaal zugegen sein, und - sonderbar genug - die jungen Leute behaupteten, daß das Essen an dem Tage, an welchem ich den Dienst hatte, erträglicher sei als an dem andern, wo mein Kollege Pauli gegenwärtig war. So oft in meiner Gegenwart eine Klage entstand, untersuchte ich dieselbe, ließ, wenn ich mich von deren Richtigkeit überzeugt hatte, den Oekonom der Anstalt rufen, gab ihm in Gegenwart der Schüler einen Verweis und trug ihm mit strengem Ernst auf, bessere Speisen zu bringen, und überhaupt für die Zufriedenstellung der Schüler Sorge zu tragen. Um mit dem Oekonom in keine weitere Verbindung zu kommen, ließ ich mir mein tägliches Essen aus der Stadt von einer andern Speiseanstalt holen, wiewohl ich es im Hause bequemer und weit billiger haben konnte, und wenn mir der Speisewirt des Hauses des Abends, wie dieses besonders im Anfang nicht selten geschah, irgend ein wohlschmeckendes Gericht auf mein Zimmer schickte, so erhielt er es jedesmal mit der Weisung zurück, daß ich nichts Unbestelltes und Unbezahltes annehme. Die Portepeefähnriche wußten das recht gut, indem sehr häufig einer oder der andere von ihnen des Abends bei mir war, und legten ein besonderes Gewicht darauf. Am 1. August 1825 wird wie gewöhnlich um 1 Uhr zur Tafel geläutet, keiner erschien. Es wird zum zweiten Male geläutet, es kam noch kein Fähnrich. Der nunmehrige Hauptmann Pauli, welcher den Dienst hatte, sah bald, daß dieses Ausbleiben absichtlich und infolge einer Verabredung der Schüler geschah, und machte der Direktion, Oberst *Liebe* von der Artillerie und Oberst *Damm* vom Ingenieurkorps, die desfallsige Meldung. Beide, höchst aufgebracht, verfügten sich sogleich in das Schulgebäude, nannten das Benehmen der Fähnriche eine Meuterei, gaben ihnen ohne Untersuchung vorerst einen Stubenarrest auf unbestimmte Zeit und machten nun dem Prinzen August die entsprechende Meldung. Der Prinz hob sogleich den verfügten Arrest wieder auf und befahl eine gerichtliche Untersuchung dieser Sache. Es wurde nun ein förmlicher Prozeß eingeleitet, die Direktion, der Hauptmann Pauli, der Oekonom und die Schüler wurden aufgefordert, ich wurde nicht ein einziges Mal verhört, blieb ganz aus dem Spiel, durchaus unberücksichtigt, indem die Fähnriche bei ihrer Vernehmung einstimmig aussagten, daß ich in dieser ganzen Angelegenheit durchaus nicht beteiligt sei. Nach beendeter Untersuchung wurde der ganze Prozeß niedergeschlagen, was dabei zutage gekommen, gehört nicht hierher. Die Fähnriche gingen straflos aus demselben hervor, und der Hauptmann Pauli wurde von der Schule versetzt und bei der Artilleriewerkstatt beschäftigt. Der Oberst Liebe wurde nach einiger Zeit als Kommandant nach Cosel versetzt, und der Oberst Damm erhielt seinen Abschied als Generalmajor. Dadurch, daß ich ganz allein ohne alle Anfechtungen bei dieser Angelegenheit fortgekommen war, mußte ich mir wohl die Ungunst der Direktion zugezogen haben, wiewohl sie sich gegen mich nicht das mindeste merken und mich meinen Dienst ungestört versehen ließ. - Eines Tages wurde ich in das Direktionszimmer gerufen, der Oberst Liebe stand mit dem Rücken zum Fenster gewendet, hatte ein Schreiben in der Hand, und der Oberst Damm ging im Zimmer auf und ab. Ersterer wendete sich mit folgenden Worten an mich: »Wir haben soeben ein Sie betreffendes Schreiben von Sr. Königl. Hoheit dem Prinzen August erhalten, ich werde Ihnen dasselbe vorlesen.« Er las:

»Ich habe befohlen, daß der Adjutant der dritten Artillerieinspektion, Leutnant *Schuch,* die Stelle als zweiter Aufseher übernehmen soll. Ich will aber, daß dem Leutnant Burg bei dieser Anzeige zugleich eröffnet werde, daß er diese Ablösung keineswegs als eine Zurücksetzung betrachten soll, ich schätze vielmehr die großen Verdienste, die sich derselbe um die Schule erworben hat, viel zu sehr, als daß ich ihn auf irgend eine Weise betrüben könnte.«

Ich fiel wie aus den Wolken, das hatte ich in der weitesten Entfernung nicht geahnt, nicht ahnen können. Es war mir auffallend, daß der Oberst Liebe mir den Brief vorlas, anstatt mir denselben im Original oder in Abschrift dienstlich mitzuteilen; es war mir auffallend, daß der Oberst Damm, der stets sehr wohlwollend, selbst vertraulich gegen mich war, eine gewisse Befangenheit zeigte und meine Blicke zu vermeiden suchte. Kurz, ich merkte Unrat, und um mich zu vergewissern, bat ich sogleich um die Erlaubnis, mir den Brief abschreiben zu dürfen, um ihn als Dokument, aus welchem die schonende Art meiner Entlassung hervorgeht, in Händen zu haben. So gerechtfertigt, so unschuldig meine Bitte auch war, so sehr setzte sie dessenungeachtet beide Obersten in eine unverkennbare Verlegenheit, sie sahen sich bedeutend und fragend an, konnten in der Geschwindigkeit keine abschlägige Antwort finden und mußten mir dennoch meine Bitte gewähren. Der Oberst Liebe reichte mir nun, nicht ohne einen sichtbaren Widerwillen, das Schreiben des Prinzen hin, und ich las folgende Einleitung zu dem mir mitgeteilten Inhalt, welche ich natürlich mit abschrieb:

»Da Eine Wohllöbliche Direktion nach Ihrem Schreiben vom 9. v. M. kein Vertrauen in die Verwaltung der zweiten Aufseherstelle durch den Leutnant Burg setzt, derselbe Ihrer Ansicht nach sich also nicht mehr dazu eignen dürfte, so habe ich befohlen usw.« -

Jetzt wußte ich genug. - Ich übergab nun nach einigen Tagen sämtliche Akten und Geschäftspapiere meinem Nachfolger und zog zum wahren und unverkennbaren Leidwesen sämtlicher Schüler aus dem Schulgebäude.

Wenn mir auch die Entbindung von dem beschwerlichen Aufseherposten aus den früher angeführten Gründen nur sehr erwünscht sein konnte und mir gerade jetzt um so erwünschter sein mußte, als ich eben im Begriff war, mich zu verheiraten, deshalb in kurzer Zeit um die Entlassung bittend hätte einkommen müssen, so war mir doch das Benehmen, welches die Direktion gegen mich dabei beobachtet hatte, sehr schmerzlich und um so betrübender und befremdender, als beide Obersten mir stets ihre Zufriedenheit und ihr Wohlwollen sowohl mündlich als schriftlich wiederholt zu erkennen gegeben hatten. Jedoch beruhigte ich mich nach einiger Zeit wieder vollkommen, freute mich über die mir nun zum Teil wieder gewordene Freiheit, durfte nicht einen Tag um den andern das Haus bewachen, konnte nun ohne eine desfallsige Besorgnis an meine Verheiratung denken und die hierzu nötigen Vorkehrungen und Einrichtungen mit Ruhe und Muße besorgen. Deshalb söhnte ich mich auch in meinem Herzen sehr bald mit beiden Herren aus, trug ihnen nichts nach, sondern fühlte vielmehr, daß die Hochachtung, welche ich stets der anderweitigen vortrefflichen Eigenschaften wegen für sie hatte, nicht beeinträchtigt worden war. Ja, es tat mir sogar herzlich leid, als der Oberst Liebe Kommandant von Cosel wurde und infolgedessen die Schule verlassen mußte. Der General Damm blieb nach seiner Verabschiedung in Berlin und schenkte mir bis zu seinem Tode sein unbedingtes Vertrauen und seine mich sehr ehrende Freundschaft.

Von der wahrhaft herzlichen Zuneigung, die dieser Ehrenmann für mich fühlte, gab er mir noch vor seinem Ende einen rührenden Beweis. Als er nämlich verstorben war, ließ die Witwe mich zum Leichenbegängnis einladen und mir dabei sagen, daß ihr Gemahl kurz vor seinem Ende eine sehr geringe Anzahl von Personen namhaft gemacht habe, die seiner Leiche bis zur Ruhestätte folgen möchten, und daß er dabei ausdrücklich angeordnet habe, daß keiner dieser Herren sich einen Wagen mieten dürfe, vielmehr die Witwe jedem der genannten Herren einen Wagen schicken solle. Ich nahm natürlich die Einladung an, so peinlich mir auch die Anordnung hinsichtlich des Wagens war, in welche ich mich aber fügen mußte. Als ich am andern Morgen zur bestimmten Zeit von dem Wagen abgeholt wurde, fand ich im Trauerhause außer dem Sohne des Generals und einigen Verwandten nur noch fünf Offiziere verschiedenen Ranges und vier Herren von Zivil. Daraus bestand also das ganze Leichengefolge dieses Generals. Es war für mich ein schmerzlich-wohltuendes Gefühl und zugleich ein wehmütig stimmendes und rührendes Zeugnis von dem, was dieser Ehrenmann mir im Leben war und wie er über mich dachte, indem er mir diese Auszeichnung zuteil werden ließ und mich zum engsten Kreise seiner Freunde zählte, mich, dessen Religion und dessen Denkungsart der verstorbene General infolge unserer Gespräche sehr gut kannte.

Der König hatte das Innere des sich äußerlich so stattlich ausnehmenden Schulgebäudes noch nicht gesehen und ließ sich deshalb zu einem von ihm befohlenen Tage ansagen. Es wurde alles zu seinem Empfang vorbereitet. Gegen 9 Uhr erschien Se. Majestät mit einem kleinen Gefolge und wurde von dem Prinzen *August,* dem General der Infanterie *von Rauch,* als Generalinspekteur und Chef des Ingenieurkorps, und von der Direktion empfangen. Sämtliche Lehrer und zur Schule gehörende Personen waren im Gebäude versammelt. Mit besonderem Interesse und vieler Aufmerksamkeit besah der König alle Räumlichkeiten und Einrichtungen der von *ihm* zwar schon im Jahre 1816 *gestifteten Anstalt.* Es war ihr, wie schon erwähnt, bis jetzt, also bis zum Jahre 1823, das Gießhaus überwiesen worden. Allein die höchst unbequemen Einrichtungen und die in jeder Hinsicht unzweckmäßige Lage der Hörsäle, welche man bei deren Anordnung des sehr beschränkten Raumes wegen zu treffen gezwungen war, sowie der Übelstand, daß die Fähnriche in der Stadt zerstreut wohnen mußten, stellten die Errichtung eines eigenen Schulgebäudes als eine unbedingte Notwendigkeit heraus und veranlaßten endlich den König im Jahre 1822, die erbetene Genehmigung zum Bau des jetzt vollendeten Schulgebäudes zu erteilen. Als der König in den großen Zeichensaal trat und die daselbst an den Wänden aufgehängten und von den Schülern gefertigten Artilleriezeichnungen nach und nach mit Aufmerksamkeit betrachtete und sich sehr beifällig darüber äußerte, nahm der Prinz die Gelegenheit wahr, mich Sr. Majestät vorzustellen. Der König wendete sich zu mir, klopfte mir auf die Schulter und sagte: »Ich sehe alljährlich mit Wohlgefallen die Arbeiten Ihrer Schüler auf der großen Kunstausstellung; sie sind ein sprechender Beweis sowohl von Ihrem Eifer und von der Zweckmäßigkeit Ihres Unterrichts, als auch von der Teilnahme und von dem lobenswerten Fleiß Ihrer Schüler. Fahren Sie so fort.« – Beim Anblick der Zeichnung der vor Bellevue aufgestellten Kanone der französischen Artillerie sagte der König zu mir: »Das ist ganz recht, daß Sie diese Kanone*) haben zeichnen lassen und hier unter dem Bilde des Prinzen August so passend aufgehängt haben.« Und zum Prinzen sich wendend, fuhr er fort: »Es ist dieses Geschütz stets ein rühmlicher Beweis von Ihrem ausgezeichneten und heldenmütigen Verhalten in der Schlacht bei Leipzig.« Auch den Anordnungen und Aufstellungen der Bibliothek und des Modellsaals, welche beide von mir eingerichtet und verwaltet wurden, schenkte der König seinen Beifall, bestieg alsdann noch das flache Dach der Schule, um sich an der herrlichen Aussicht zu ergötzen, und gab beim Weggehen den beteiligten Herren dankend seine vollkommene Zufriedenheit mit allem, was er gesehen habe, zu erkennen.

Das mir zuteil gewordene Lob und die königliche Zufriedenheit mit meinen Leistungen machten mich über-

*) Der tapfere Prinz hatte nämlich in der Schlacht bei Leipzig und zwar bei Probstheida mit seiner Infanteriebrigade eine französische Batterie erobert, indem er mit der Fahne in der Hand die Truppen anführte. Als Anerkennung erhielt er vom Könige auf dem Schlachtfelde eine dieser Kanonen zum Ehrengeschenk, die er nachmals vor seinem Lustschloß Bellevue aufstellen und mit einer entsprechenden Inschrift versehen ließ.

aus glücklich. Es ist dieses eine Anerkennung, wonach jeder Soldat strebt, ein Ziel, dessen Erreichung ich von Anfang an immer im Auge gehabt hatte. Dem Prinzen machte die mir gewordene Auszeichnung große Freude, und auch meine andern Vorgesetzten gaben mir ihre Teilnahme zu erkennen. Es lag in den günstigen Umständen, daß ich als Lehrer im Artilleriezeichnen und als Bibliothekar nur allein eine persönliche Auszeichnung erhalten konnte, indem der König weder unterrichten noch examinieren ließ, mithin keine Gelegenheit vorhanden war, auch die anderen Lehrer, die gewiß ihre Pflichten vollkommen erfüllten, zu beloben. Und deshalb habe ich auch von meinen Kollegen in ihrem Benehmen gegen mich nicht den mindesten Neid oder irgend eine Mißliebigkeit wahrgenommen.

In Hinsicht der aufgehängten Probezeichnungen ist noch folgendes nachträglich zu berichten. Die alljährlich mit dem Schulbericht eingereichten Zeichnungen des Artilleriematerials erhielten immer mehr und mehr den Beifall und die Zufriedenheit des Prinzen August und des Generals v. Rauch, und es war von diesen beiden Kuratoren der Schule nicht übersehen worden, daß diese Zeichnungen von Jahr zu Jahr besser wurden. Als ich demnach im Laufe der Zeit wieder einmal die Ehre hatte, von Sr. K. H. zur Tafel befohlen zu werden, sprach er gegen den anwesenden Direktor und gegen mich die Meinung aus, ob es nicht geraten sein dürfte, die gelungensten Zeichnungen der Schüler auf die große Kunstausstellung der Akademie zu geben, indem eine solche Auszeichnung für die jungen Leute ein Ansporn sein würde und das Publikum und namentlich die Offiziere der Garnison Gelegenheit erhielten, sich von den Leistungen der Schule in diesem Fache zu überzeugen. Er kleidete diese Meinung gewissermaßen in die Form eines Wunsches, und da der Wunsch hochstehender Personen gemeiniglich als ein Befehl anzusehen ist, so wurden schon zur nächsten Kunstausstellung und zwar, wenn ich nicht irre, schon im Jahre 1819, die gelungensten Zeichnungen zur Akademie geschickt und von derselben zur Ausstellung angenommen. Durch die oben angeführte Äußerung Sr. Majestät, daß er nämlich diese Zeichnungen alljährlich mit Wohlgefallen auf der Ausstellung sähe, erhielt nachmals die vom Prinzen angeregte Idee gewissermaßen eine Sanktion, und nun war die Schule verpflichtet, zu jeder Kunstausstellung eine Anzahl von diesen Zeichnungen zu geben, wenngleich dieselbe sich auch nicht verhehlen konnte, daß diese Zeichnungen für den größten Teil des Publikums nur von sehr geringem Interesse sind.

Es war mir eine große Genugtuung und höchst erfreulich, daß der Prinz an meinem Zeichenunterricht so großes Interesse nahm und seine Zufriedenheit mit den Leistungen meiner Schüler so oft gegen mich aussprach. Wer unsern erlauchten Chef kannte, der weiß auch, daß es mit zu seinen Gewohnheiten gehörte, eine und dieselbe Äußerung wiederholend da anzubringen, wo sich irgend eine Gelegenheit darbot. Und so oft ich das Glück hatte, mich außerdienstlich in seiner Nähe zu befinden, es mochte bei der Tafel oder an einem andern Orte sein, so oft sagte er: »Der Leutnant Burg hat ein sehr großes Verdienst um die Schule und um die Artillerie überhaupt. Früher fehlte es fortwährend und allerorten an brauchbaren und tüchtigen Zeichnern, und es wurde mir immer sehr schwer, solche für den Dienst zu bekommen. Jetzt aber, nachdem seine Lehrmethode so gute Früchte getragen hat, hat es nie Mangel an Artilleriezeichnern, und sämtliche Brigaden sowie die

Artilleriewerkstätten können nie in Verlegenheit geraten und haben die beste Auswahl.«

Mittels Allerhöchster Kabinettsorder vom 4. Juli 1826 wurde ich zum *Premierleutnant* der ersten Artilleriebrigade, und zwar ganz in meiner Reihenfolge, ohne alle Hindernisse, ohne irgend eine Schwierigkeit befördert. In meinem Unterricht und in meinen anderweitigen Dienstverhältnissen entstand hierdurch natürlich keine Veränderung. –

Bevor ich in der Geschichte meines Dienstlebens fortfahre, drängt es mich, eine Tatsache zu erzählen, die, wenn sie auch gleich nicht hierher gehört, doch eine sehr wohltuende Erinnerung in mir erregt und zugleich dartut, daß selbst bei nicht vorurteilsfreien Menschen meine Religion kein Hindernis des innigsten und freundschaftlichsten, ja des zärtlichsten Verhältnisses zueinander war.

Im Herbst desselben Jahres kam ein Offizier der reitenden Artillerie aus Koblenz, der Leutnant Schuch, jetzt Hauptmann in der achten Artilleriebrigade, zum Besuch nach Berlin, oder er wurde, wenn ich nicht irre, zur Lehreskadron hierher kommandiert. Er besuchte zur Zeit, als ich noch Aufseher war, die Artillerie- und Ingenieurschule; ich war ihm sehr gewogen, und wir standen nachmals in einem intimen freundschaftlichen Verhältnis zueinander. Teils um mir eine Zerstreuung zu machen, teils und hauptsächlich aber, um die ehr- und liebenswürdige Predigerfamilie in Gübs wiederzusehen, reiste ich diesem Offizier bis Magdeburg entgegen. In Burg verabredete ich mit dem Oberprediger des Orts *Lange,* einem Sohne des alten Predigers in Gübs, daß wir bei den Eltern, welche ich zu besuchen mir fest vorgenommen hatte, zusammenkommen wollten. An dem festgesetzten Tage fuhr ich mit meinem Freunde Schuch nach Gübs. Der Oberprediger Lange, welcher mit seiner ganzen Familie schon früher angekommen war, hatte die Eltern zwar auf einen ihnen sehr lieben Besuch vorbereitet, aber meinen Namen nicht genannt, um ihnen den Genuß der freudigsten Überraschung durchaus nicht zu schmälern. Als ich nach einem Zeitraume von elf Jahren die mir wohlbekannte Gegend wieder erblickte und mich der vielen in diesem Dorfe so ruhig und so glücklich verlebten Tage erinnerte, als ich der schönen Zeit gedachte, wo ich in demselben zum Offizier befördert und dadurch mein sehnlichster Wunsch erreicht wurde, wie ich daselbst an jenem denkwürdigen Abend vor dem Ausmarsch den mich so überaus erfreuenden Brief empfangen hatte, da fühlte ich mich so mächtig ergriffen, so heiter-rührend gestimmt, daß ich mit unbeschreiblicher Sehnsucht die Dorfstraßen durchfuhr, um in das mir so teure Pfarrhaus zu gelangen. Schon von weitem sah ich die festlich geputzten Enkel vor der Türe stehen, und als diese die Ankunft eines Wagens verkündeten, stürzte die ganze Familie zum Hause heraus. Die beiden alten Leute waren bei meinem Anblick so über alle Maßen freudig überrascht, so entzückt, daß ich wahrlich keine Worte finde, um den mir gewordenen herzlichsten Empfang zu beschreiben. Aus einer Umarmung ging's in die andere, der alte würdige Pastor vergoß helle Freudentränen und hielt mich fest umschlungen, und sie, die alte vortreffliche Pastorin, sagte mit tiefbewegter Stimme: »Ach! Nun will ich gern sterben, nun ich meinen lieben Burg wiedergesehen habe.« Schon über eine Viertelstunde waren wir beisammen und noch konnte ich nicht dazu gelangen, meinen Freund der Familie vorzustellen, der sich mit einem stillschweigenden Erstaunen an dieser seltenen und erhebenden Szene weidete. Nachdem die ersten Mitteilungen gegenseitig gemacht waren, durchwanderte ich alle mir so wohlbekannten und in wohltuender Erinnerung lebenden Räume des Hauses, des Hofes, des Gartens, und dann ging es zur wohlbesetzten und mit vielen Blumen geschmückten Tafel. Ich mußte zwischen den beiden Alten an derselben Stelle Platz nehmen, wo ich vor elf Jahren beim Abschied gesessen hatte. Gegen das Ende der Tafel, als wir alle sehr froh und heiter gestimmt und durch den Genuß des Weines recht guter Dinge waren, sahen wir mit einem Mal, wie die alte Pastorin tief in Gedanken versunken da saß und stille Tränen vergoß. Und als der alte Pastor sie um den Grund dieser plötzlichen Traurigkeit fragte, erwiderte sie nach einigem Zaudern: »Ach, soll ich denn nicht weinen, wenn ich bedenke, daß unser guter Burg niemals selig werden kann.«

Es ist zum Erstaunen, wie ein so reines, gutes und frommes Gemüt so finstere und kleinliche Ansichten von der unaussprechlichen Güte und von der Barmherzigkeit unserer Aller Vater im Himmel haben konnte. Ihr Mann und ihr Sohn, der Oberprediger, bemühten sich, sie durch die Gründe der Vernunft und der Religion zu beruhigen, und was ich, der ich ihre Zärtlichkeit zu mir und ihre religiöse Denkungsart kannte, darauf erwiderte, gehört um so weniger hierher, als jeder denkende und fühlende Mensch es sich leicht selbst sagen kann. Unsere Bemühungen waren auch nicht fruchtlos, und die würdige Predigerin wurde nach der Mahlzeit wieder so munter wie vorher und holte aus ihrer Kommode ein Manuskript hervor, welches ich, als das Produkt meiner frohen Laune, in Gübs verfaßt und daselbst zurückgelassen hatte. Es war ein Lustspiel oder vielmehr eine Posse: »Abraham und Hannchen, oder die Liebe im Pfarrhause zu Gübs.« Die Pastorin hieß nämlich Hannchen, und ich gab mir darin den Namen Abraham.

Spät am Abend trennten wir uns. Der zärtlichste Abschied stand mit dem mir gewordenen überaus herzlichen Empfang in vollkommenem Einklang. Wie ein Sohn sich von seinen Eltern trennt, so trennte ich mich von den beiden lieben, vortrefflichen Alten, und wie ein Sohn entlassen wird, so entließen sie mich. Ich habe sie niemals wiedergesehen, schon längst sind beide heimgegangen, aber in meiner Erinnerung leben sie fort und fort. -

Da ich Premierleutnant war, so dachte ich daran, mich zu meinem Hauptmannsexamen vorzubereiten. Es bestand damals nämlich die Einrichtung in der Artillerie, daß die Premierleutnants sich zu demselben melden konnten, während sie jetzt nach ihrer Reihenfolge dazu kommandiert werden. Noch drei andere Premierleutnants, mit welchen ich näher befreundet war, hatten dieselbe Absicht, und so kamen wir abwechselnd bald bei diesem, bald bei jenem des Abends zusammen und studierten die vorgeschriebenen Schlachten und Belagerungen sowie die zum vorliegenden Zweck gehörenden artilleristischen Wissenschaften.

Außerdem benutzte ich die Zeit, welche ich von meinen Dienstgeschäften erübrigen konnte, zu einer schriftstellerischen Arbeit, nämlich zur Herausgabe eines Lehrbuchs über das »architektonische Zeichnen«. Ich hatte zwar schon vor längerer Zeit die Herausgabe dieses Werkes versprochen und angekündigt, dasselbe aber teils wegen Mangels an Zeit, teils aber auch eines Augenleidens wegen, was ich mir wohl durch zu vieles Zeichnen zugezogen hatte und das mich, wenigstens für einige Zeit, vom ferneren Zeichnen abhielt, bis jetzt nicht hatte vollenden können.

Als ich mit meiner Vorbereitung zum Examen soweit gediehen war, daß ich die Hoffnung hatte, dasselbe mit Ehren ablegen zu können, meldete ich mich bei Sr. K. H.

dem Prinzen August mit der Bitte um Zulassung zur nächsten Prüfung. Infolgedessen ließ mich der Oberstleutnant *von Radowitz* (jetzt Generalleutnant), welcher damals Chef des Generalstabs der Artillerie war, rufen und machte mir die Mitteilung, daß, wenn ich darauf bestände, mein Examen zum Hauptmann abzulegen, ich sofort von der Schule abkommandiert werden und des praktischen Dienstes und des betreffenden Examens wegen zu meiner Brigade zurückkehren müßte. Er setzte hinzu, daß Se. K. H. es wünschten, mich bei der Schule zu behalten, und insofern es mit meinen Wünschen übereinstimme, so sollte ich, wenn die Reihe an mir sein würde, zum Hauptmann von der Armee vorgeschlagen werden, wie solches schon bei andern Offizieren in ähnlichen Verhältnissen teilweise der Fall gewesen. Da es nun keineswegs mein Wunsch war, die Schule zu verlassen, so willigte ich mit großer Bereitwilligkeit in diesen mir ebenso angenehmen wie erwünscht erscheinenden Vorschlag, und setzte nun meinen Dienst bei der Schule in ungestörter Ordnung fort.

Der Prinz wollte sich aber vergewissern, ob auch von seiten Sr. Majestät des Königs meinem Avancement als Hauptmann kein Hindernis entgegentreten würde. Er tat deshalb beim Kriegsminister die geeigneten Schritte und erließ infolge derselben am 6. Januar 1830 nachstehendes Schreiben an mich:

»Ew. Wohlgeboren vorgerückte Stellung in der ersten Artilleriebrigade hat Mich veranlaßt, bei dem Königl. Kriegsministerio anzufragen, inwiefern künftig mit Rücksicht auf das Gesetz vom 11. März 1812 Ihre Beförderung zum Hauptmann nachgesucht werden könne, wobei Ich nicht unerwähnt gelassen habe, durch welche nützliche Dienste Sie sich in Ihrem seitherigen Verhältnis ausgezeichnet haben. Das Königliche Kriegsministerium hat Mich hierauf benachrichtigt, daß Se. Majestät der König Allerhöchst Sich nicht bewogen gefunden haben, in der Sache eine besondere Entscheidung zu erteilen, und zwar in der Voraussetzung, daß Sie durch Ihre Bildung, Stellung und religiöse Überzeugung wohl bereits diejenige Annäherung zum Christentum in sich fühlen, welche Sie dazu bewegen würde, durch förmlichen Übertritt zur christlichen Religion zugleich jeden Anstoß zu Ihrer ferneren Beförderung aus dem Wege zu räumen.

Ich setze Sie von vorstehender Äußerung mit dem Anheimstellen in Kenntnis, Mir zu seiner Zeit von dem Ergebnis Ihrer hierauf Bezug habenden Entschließung Mitteilung machen zu wollen.

Berlin, den 6. Januar 1830. gez. *August.*

An den Königl. Premierleutnant usw. Herrn Burg.«

Der Eindruck, den dieses Schreiben, aus welchem ich zum ersten Mal offiziell entnahm, daß meine Religion ein Anstoß zu meiner weiteren Beförderung sei, auf mich machte, war ebenso unerwartet als betrübend. Ich war zwar erst vier Jahre Premierleutnant, hatte zum Hauptmann noch eine ziemliche Reihe von Vorderleuten, allein es zeigte mir doch nur zu deutlich, welche Schwierigkeiten sich mir in der Folge entgegensetzen würden und daß diese Angelegenheit nicht so leicht gelingen werde, wie ich es mir bis zu diesem Augenblick vorgestellt hatte. Am 30. März 1830 schrieb ich nun an den Prinzen einen sehr langen Brief, in welchem ich meine Ansichten und Gefühle über diesen für mich so hochwichtigen Gegenstand an den Tag legte, dabei aber frei, offen und unbefangen die Gründe auseinandersetzte, welche mich bis jetzt von einem

Übertritt zur christlichen Religion abgehalten hätten und auch ferner abhalten würden. Zum Schluß dieser von mir abgegebenen Erklärung sagte ich:

»Auf meiner bisherigen Laufbahn ist mir kein Hindernis aufgestoßen, wodurch ich mich hätte bewogen fühlen können, mich von meinem Glauben, der mir durch Geburt und Erziehung eigen geworden, der mir in manchen trüben Stunden Trost und Beruhigung verschaffte, förmlich loszusagen; und wer bürgt mir für die Beibehaltung meiner inneren Ruhe, was bewahrt mich vor der quälendsten und bitteren Reue bei den Schlägen des Schicksals, wenn ich ohne meine Überzeugung, nur vom äußeren Schein geblendet, alle Rücksichten beiseite setzend, übertrete und in den Augen der Welt als Heuchler dastehe?

Wäre ich als Christ geboren, so würde ich das Christentum, so wie jetzt das Judentum, als ein mir vom Himmel verliehenes Geschenk aufgenommen und bei meinem religiösen Gefühl auch fest und heilig bewahrt haben. Jetzt aber fehlt es mir an Kraft, mein Gewissen zu beschwichtigen, und ich setze, trete ich freiwillig über, meine Ruhe aufs Spiel.

Da ich nun aus der gnädigsten Zuschrift Ew. K. H. vom 6. Januar, deren Inhalt mich um so mehr überraschte, als früher niemals von demselben die Rede war, ersehe, daß mir der Weg zum Hauptmann von der Artillerie verschlossen ist, so wage ich, mich Eurer K. H. gnädigstem Wohlwollen vertrauensvoll überlassend, die ganz untertänigste Bitte:

> daß Höchstdieselben geruhen mögen, mich in meinem jetzigen Verhältnis zu belassen, und mich, wenn in meiner Brigade die Reihe an mir ist, Sr. Maj. dem Könige zum Hauptmann von der Armee gnädigst in Vorschlag bringen zu wollen.

Hierdurch wird, meiner ganz unvorgreiflichen Meinung nach, jeder äußere Anstoß beseitigt, und ich kann mit ruhigem Herzen getrost meinem Berufe folgen.

Durch Eifer und Fleiß war es mein unausgesetztes Bestreben, mir die unschätzbare Zufriedenheit Ew. K. H. sowie die meiner anderen Vorgesetzten zu erwerben, und mit Gottes Beistand sind meine Bemühungen weit über meine Erwartungen belohnt worden. Ew K. H. waren stets so gnädig, so wohlwollend gegen mich und gaben mir Höchstdero Zufriedenheit in den huldvollsten Äußerungen sowohl mündlich als schriftlich zu erkennen. Sowohl von des Hochseligen und des jetzt regierenden Kaisers von Rußland Majestäten sowie von anderen hohen Häuptern und fremden hohen Offizieren, welche die Königl. Artillerie- und Ingenieurschule mit ihrem Besuche beehrten, wurde mir stets jenes Glück zuteil. Ja selbst Se. Majestät unser allverehrter König geruhten so huldvoll als herablassend, bei Gelegenheit der Besichtigung der genannten Schule die Allerhöchste Zufriedenheit mit meinen Leistungen mir mündlich zu erkennen zu geben, sowie Allerhöchstdieselben beim Erscheinen meiner »Geometrischen Zeichenkunst« und meines Lehrbuches über »das Zeichnen und Aufnehmen des Artilleriematerials« mir allergnädigst diese unschätzbare Allerhöchste Zufriedenheit schriftlich angedeihen ließen. Dieses alles stählt meinen Mut und meine Zuversicht und verbürgt mir die allergnädigste Erfüllung meiner oben ausgesprochenen Bitte von seiten meines so weisen gerechten und gottesfürchtigen Königs und Herrn.

Es wird fortan mein eifriges und unausgesetztes Bestreben sein, mich dieser hohen Gnade würdig zu zeigen, damit auch für die Folge, sowie in meinen bisherigen Dienstverhältnissen kein Anstoß der Art fühlbar werde.

Somit lege ich denn mein künftiges Schicksal in die Hände Ew. K. H., in die Hände des erhabenen Fürsten, der mich beim Aufruf im Jahre 1813, wo ich mein Verhältnis als Baukondukteur aufgab, um in der Armee freiwillig zu dienen, Höchstselbst in Breslau in die Artillerie aufnahm und mir bisher so unaussprechlich viel Huld und Gnade zuteil werden ließ.

Was auch mein Geschick sein mag, nie werden die Gefühle der treuesten und ehrfurchtsvollsten Anhänglichkeit, die mich für Ew. K. H. erlauchte Person beleben, in meinem Herzen aufhören, nichts wird imstande sein, die Gefühle der unbegrenztesten und ehrerbietigsten Dankbarkeit zu schwächen, mit welchen ich in tiefster Ehrfurcht ersterbe

Berlin, den 30. März 1830.

Ew. K. H. ganz untertänigster Burg.«

Am 2. April 1830 erhielt ich vom Prinzen folgende Antwort:

»Nach Einsicht Ew. Wohlgeboren unterm 30. v. M. abgegebenen Erklärung finde ich kein Bedenken, Sie in Ihrem jetzigen Verhältnis zu belassen und Ihr Ausscheiden aus dem Brigadeverbande in der von Ihnen gewünschten Art bei Sr. Majestät dem Könige zu befürworten, wenn Sie Ihrer Reihenfolge nach zur Beförderung zum Hauptmann in der ersten Artilleriebrigade herangerückt sein werden.

Infolgedessen werden Sie nicht zur Ablegung der in der Artillerie vorschriftsmäßigen Kapitänsprüfung herangezogen werden.

Berlin, den 2. April 1830. gez. August.«

Einige Zeit nach dieser Begebenheit wurde ich bei Seiner Königl. Hoheit zur Tafel befohlen. Nach Beendigung derselben nahm er mich beiseite, reichte mir mit einem besonderen Wohlwollen die Hand und eröffnete mir, daß er die von mir abgegebene Erklärung mit großer Teilnahme gelesen habe und meine darin ausgedrückte Gesinnung billige und ehre. Er setzte hinzu, daß er zu seiner Zeit diese Erklärung Sr. Majestät in Abschrift überreichen würde und alsdann zu reussieren hoffe; ich solle den Mut nur nicht sinken lassen. Und in der Tat wirkte auch diese so äußerst gnädige Mitteilung des Prinzen sehr vorteilhaft auf meine Stimmung. Sie eröffnete mir wieder eine frohe Aussicht, gab mir gegründete Hoffnung, und ich ging nun wieder getrost und gewissermaßen beruhigt an die Bearbeitung meines unter Händen habenden Werkes, welches auch gegen Ende des Jahres 1830 unter folgendem Titel erschien: »*Das architektonische Zeichnen,* oder vollständiger Unterricht in den beim Zeichnen der Architekturgegenstände und der Maschinen vorkommenden Konstruktionen, sowohl hinsichtlich der Anfertigung einer richtigen Linearzeichnung, als der Bestimmung der Schatten. Theoretischer Teil (Géométrie descriptive) mit 11 Kupfertafeln in Großfolio.«

Als ich dem Prinzen das für ihn bestimmte Prachtexemplar dieses Werkes überreichte, erhielt ich den Auftrag, baldmöglichst noch ein zweites Exemplar für Se. Majestät den König einzureichen. Der Prinz überschickte dieses Exemplar dem Könige mit folgendem Anschreiben:

»In Verfolg meines untertänigsten Schreibens vom 2. März 1822, wobei ich Ew. Königl. Majestät die beiden ersten Teile des vom Premierleutnant Burg der ersten Artilleriebrigade herausgegebenen Lehrbuchs über die geometrische und Artillerie-Zeichenkunst zu Füßen legte, wage ich Ew. Majestät nunmehro die Fortsetzung des obigen Werkes in dem beiligenden ersten Teil der architektonischen Zeichenkunst ganz untertänigst zu überreichen.

Der Verfasser dieses Buches hat durch die Bearbeitung desselben aufs neue seine Brauchbarkeit als Lehrer und seine sehr zu lobende Absicht, zum Besten Ew. Königlichen Majestät Allerhöchsten Dienstes nach Kräften beitragen zu wollen, bekundet.

Berlin, den 23. November 1830. gez. August.«

Laut einer Kabinettsorder vom 27. l. M. erteilte der König den Befehl, daß sofort 36 Exemplare dieses neuen Werkes angekauft werden sollten, und fragte gleichzeitig an, ob dem Verfasser noch außerdem eine Gratifikation zu bewilligen sein dürfte. Mit Freuden ergriff nun der edle Prinz, mein hoher, großmütiger und erlauchter Gönner, diese Gelegenheit das mir so huldvoll gegebene Versprechen in Erfüllung zu bringen, und erließ an Se. Majestät das folgende mich betreffende merkwürdige Schreiben:*)

»Eurer Königlichen Majestät Allergnädigsten Kabinettsorder vom 27. v. M. gemäß, wonach Allerhöchstdieselben dem Premierleutnant Burg für die Bearbeitung seiner Lehrbücher eine Gratifikation zu bewilligen beabsichtigen, gestatte ich mir folgenden Vortrag zur Allerhöchsten Entscheidung zu bringen.

Der Premierleutnant Burg hat seit Bestehen der vereinigten Artillerie- und Ingenieurschule sich nicht allein als Schriftsteller, sondern ganz besonders auch als Lehrer über-

*) Von einer mir sehr befreundeten Person aus der Umgebung des Prinzen erhielt ich eine Abschrift dieses mich ungemein interessierenden Berichtes.

aus vorteilhaft bekannt gemacht. In beiden Beziehungen ist er stets eifrig bemüht gewesen, zum Besten Eurer Majestät Allerhöchsten Dienstes nach Kräften zu wirken, sodaß es nach meinem Ermessen ebenso vorteilhaft als wünschenswert erscheint, diesen Offizier für die von Ew. Majestät zum großen Nutzen des preußischen Artillerie- und Ingenieurkorps begründete Anstalt zu erhalten, indem schwerlich sein Platz so genügend von einem Andern ausgefüllt werden dürfte.

Dieser Offizier ist nun aber in der ersten Artilleriebrigade als der zweite Premierleutnant herangerückt.

Da jedoch der usw. Burg ein Bekenner des mosaischen Glaubens ist, so sah ich mich veranlaßt, bei dem Kriegsminister anzufragen, ob derselbe unter diesen Umständen und in Bezug auf den kriegsministeriellen Erlaß vom 18. Juni 1822 später zum Hauptmann in Vorschlag gebracht werden dürfe, um im bejahenden Falle ihn der Prüfung zum Hauptmann unterwerfen zu können.

Der Kriegsminister erwiderte mir hierauf, wie Eure Majestät sich nicht bewogen gefunden hätten, in der Sache eine besondere Entscheidung zu erteilen, und zwar in der Voraussetzung, der usw. Burg werde durch seine Bildung, Stellung und religiöse Überzeugung wohl bereits diejenige Annäherung zum Christentum in sich selbst fühlen, welche ihn bewegen würde, durch förmlichen Übertritt zur christlichen Religion zugleich jeden Anstoß seiner ferneren Beförderung aus dem Wege zu räumen.

Da es jedoch notwendig war, darüber zu bestimmen, ob der usw. Burg zum Hauptmannsexamen herangezogen werden soll, so forderte ich nach Eingang dieser Willensmeinung denselben auf, mir über diesen Gegenstand seine reiflich überdachte Entschließung zu erkennen zu geben.

In der darauf erfolgten Erklärung desselben, welche ich Ew. Königlichen Majestät zur Allerhöchsten Einsicht ehrfurchtsvoll in Abschrift hierbei überreiche, drückte der usw. Burg, sowie stets in allen seinen Handlungen, eine lobenswerte Gesinnung aus, ohne aber den bestimmten Entschluß auszusprechen, jetzt zur christlichen Religion überzutreten.

Wenn es demnach nicht zu erwarten steht, und unter diesen Umständen auch nicht gewünscht werden kann, daß der usw. Burg zum Hauptmann in der Artillerie avanciere, andererseits aber es von wirklichem Vorteil für die oben erwähnte Anstalt ist, diesen Lehrer für dieselbe zu erhalten, so gestatte ich mir jetzt, wo Ew. Majestät die Allerhöchste Gnade haben wollen, dem usw. Burg eine Anerkennung für seine Leistungen zuteil werden zu lassen, Ew. Majestät alleruntertänigst vorzuschlagen, denselben zum Hauptmann von der Armee zu ernennen und in seinem Verhältnis zur vereinigten Artillerie- und Ingenieurschule zu belassen.

Durch diese Maßregel würde der Armee und dem Artillerie- und Ingenieurkorps ein Offizier verbleiben, welcher vermöge seiner dienstlichen Leistungen sowohl, als seiner Gesinnungen und Handlungen Ew. Majestät huldreiche Anerkennung in jeder Hinsicht verdient.

Berlin, den 1. Dezember 1830.

gez. August Prinz von Preußen.«

Hierauf erschien folgende Königliche Kabinettsorder:

»Ich kann auf Eurer Königlichen Hoheit Bericht vom 1. d. M. den bei der Artillerie- und Ingenieurschule als Lehrer stehenden Premierleutnant Burg von der ersten Artilleriebrigade nicht zum Hauptmann von der Armee ernennen und verspreche mir von seiner geistigen Ausbildung, er werde noch zur Erkenntnis der Wahrheit und des Heils des christlichen Glaubens gelangen. Seinen nützlichen Diensten lasse ich gern Gerechtigkeit widerfahren und für die Bearbeitung seiner Lehrbücher mögen Eure Königliche Hoheit ihm die beiliegenden 50 Taler in Gold als Gratifikation zustellen lassen.

Berlin, den 6. Dezember 1830. gez. Friedrich Wilhelm.«

Um mich zu schonen, setzte mich der so überaus gütige und gnädige Prinz weder von jenem über mich eingereichten Bericht vom 1. Dezember, noch von dieser Kabinettsorder offiziell in Kenntnis, sondern erließ folgendes Schreiben an mich:

»Nachdem ich Sr. Majestät dem Könige das mir zu diesem Behuf übersendete Exemplar Ihres architektonischen Zeichnens überreicht habe, geruhten Allerhöchstdieselben mir zu eröffnen, daß es die Allerhöchste Absicht sei, von diesem Werke 36 Exemplare für die Artillerie anzukaufen, wofür Sie den Betrag aus Sr. Majestät Schatulle erheben können.

Gleichzeitig haben Se. Majestät mich beauftragt, Ihnen für die Bearbeitung Ihrer Lehrbücher die beiliegenden 10 Friedrichd'or als Gratifikation auszuhändigen.

Indem ich Sie von vorstehender Allerhöchster Verfügung in Kenntnis setze, stelle ich Ihnen die Ablieferung der erkauften Exemplare an mein Bureau anheim.

Berlin, den 10. Dezember 1830. gez. August.«

Das war also das Ergebnis aller Bemühungen, aller Fürsprache von seiten des Prinzen, das Ergebnis aller meiner Hoffnungen und Wünsche. So nahe dem Ziele, und nun mit einem Male so weit, so sehr weit davon entfernt. Ich muß gestehen, daß mich der Inhalt der Kabinettsorder, wie väterlich sie auch teilweise abgefaßt war, überaus betrübte und mich in eine peinliche und sehr unruhige Lage versetzte. Das hatte ich durchaus nicht erwartet, das konnte ich nach dem, was bis jetzt vorgefallen war und zu meinen Gunsten sich neigte, nicht erwarten. Hätte Se. Majestät geschrieben: »Ich fühle mich nicht bewogen« oder »Ich fühle mich nicht veranlaßt«, so wäre mir doch wenigstens die Hoffnung geblieben, daß der König sich, wenn die Zeit da sein würde, vielleicht dennoch bewogen oder veranlaßt fühlen würde, mich zu avancieren. Aber dieses »Ich kann nicht«, dieses so bestimmt ausgesprochene, alle Hoffnung abschneidende »Ich kann nicht« klang mir wie ein für alle Zeiten geltendes Verdammungsurteil und ließ mich mit trüben Blicken in die mich erwartende Zukunft schauen. Und sonderbar genug, ich wurde dabei nicht *ganz* entmutigt, ungeachtet dieses so bestimmt ausgesprochenen königlichen Willens, ungeachtet dieses »Ich kann nicht« konnte ich die Hoffnung nicht ganz aufgeben, es war mir nicht möglich, gänzlich zu verzagen, eine innere Stimme flößte mir Trost ein und forderte mich, fast gegen meinen Willen, auf, mit Zuversicht das Kommende vertrauend zu erwarten. Ich war mir selbst ein Rätsel. Meine mir unvergeßliche, brave Frau, die mich unaussprechlich liebte und mit der innigsten Treue und Zärtlichkeit an mir hing, suchte mich zwar stets zu beruhigen, wenn ich, wie es zuweilen auch wohl vorkam, mich über das mir widerfahrene Ungemach beklagte, allein ich wußte recht gut, daß sie selbst an dem Gelingen zweifelte und wenig Hoffnung hatte. Auch meine nächsten Verwandten und Freunde waren ganz anderer Meinung wie ich. Für sie war es zur Gewißheit geworden, daß der König mich nun und nimmermehr zum Hauptmann avancieren würde. Nur ich allein konnte ihre Ansicht nicht teilen. Ohne mir Rechenschaft zu geben, ohne daß ich ihnen, ohne daß ich mir selbst einen Grund für meine Hoffnungen anführen konnte, fühlte ich nach kurzer Zeit eine mir noch heute nicht zu erklärende Ruhe, eine innere fast ungestörte Zuversicht. Allein wie konnte es auch anders sein, wie konnte ich auch die Hoffnung, das Vertrauen aufgeben, da der allbarmherzige Gott mir bis jetzt so unendlich viele Beweise seiner grenzenlosen Liebe, Fürsorge und Vatertreue gegeben, mich so wunderbar geführt hatte. Wie sollte ich jetzt mit einem Male verzagen? Und wenn sich meiner auch manchmal ein banges Gefühl bemächtigte, so faßte ich mich doch bald wieder, sah vertrauensvoll in die Zukunft und dachte: »Bis hierher hat Deine Barmherzigkeit mich geführt und Deine Gnade hat mich nicht verlassen, Du wirst mich auch ferner nicht verlassen.«

Ich ließ nun die Sache getrost gehen und sprach mit keinem der Vorgesetzten weiter über diesen Gegenstand. Ich hatte ja überdies noch einige Jahre Zeit, bis die Reihe an mich kommen konnte, und was konnte in dieser Zeit nicht alles geschehen, um ein für mich günstigeres Ergebnis herbeizuführen. Hierzu kam noch, daß die Kränklichkeit meiner guten und engelgleichen Frau immer mehr zunahm, einen bedenklichen, mich sehr beunruhigenden Charakter zeigte, und allen meinen Gedanken, allen meinen Wünschen und Hoffnungen eine ganz andere Richtung geben mußte. - Am 23. Juni 1831 starb sie in meinen Armen. -

Ich selbst, der ich mich stets einer vortrefflichen Gesundheit zu erfreuen hatte, wurde bald darauf krank, litt am kalten Fieber und an einer nicht unbedeutenden Nervenverstimmung, mußte viel leiden, viel medizinieren und konnte mich nur langsam nach und nach wieder erholen. Dieses alles und die in Berlin zum ersten Mal herrschende Cholera zogen mich dermaßen ab und wiesen mich dergestalt auf mich selbst an, daß ich bei weitem seltener an meine Beförderung zum Hauptmann dachte, als man unter den obwaltenden Umständen wohl voraussetzen sollte. Als ich mich endlich etwas getrösteter fühlte und mein Gesundheitszustand sich nach und nach besserte, ging mir dieser Gedanke allerdings wieder oft und schwer durch den Kopf, und mit bangem Erwarten näherte ich mich jetzt dem nicht mehr fernen Zeitpunkt. Mein ferneres Schicksal, meine militärische Stellung, mein Verbleiben in der Armee mußte nun zur Entscheidung kommen.

Am 15. November 1832 war ich des Vormittags in der Bibliothek der Artillerie- und Ingenieurschule beschäftigt, als eine Ordonnanz des Prinzen eiligst in das Zimmer trat und mir ein Billett vom Major *von Erhardt,* Adjutanten Sr. K. H. (jetzt Generalmajor und Inspekteur), einhändigte. Die Adresse war: »An den Königlichen *Hauptmann der Artillerie* Herrn Burg, Hochwohlgeboren.« Was ich beim Lesen derselben empfand, wie mir zumute wurde, vermag ich nicht zu beschreiben. Schnell erbreche ich das Billett und lese nun mit einer unbeschreiblich großen Überraschung und mit freudigem Erstaunen folgende Zeilen:

»Se. Majestät der König haben Sie mittels Allerhöchster Kabinettsorder vom 13. d. Mts. zum Hauptmann der Artillerie befördert. Von ganzem Herzen wünsche ich Ihnen Glück zu diesem wohlverdienten Avancement. Ihr ergebener Freund,

von Erhardt.«

Noch im Laufe desselben Tages wurde mir von seiten der Generalinspektion der Artillerie, und zwar durch den Generalleutnant *von Diest* (der Prinz war nämlich verreist) folgende offizielle Mitteilung gemacht:

»Euer Hochwohlgeboren benachrichtiget die General-Inspektion der Artillerie hierdurch, daß Se. Majestät der König auf den Vorschlag Sr. K. H. des Prinzen August von Preußen mittels Allerhöchster Kabinettsorder vom 13. d. M. Allergnädigst geruht haben, Sie zum Hauptmann zu ernennen und als Lehrer bei der vereinigten Artillerie- und Ingenieurschule zu bestätigen. Sie sollen dabei aus der ersten Artilleriebrigade ausscheiden und in diesem Verhältnis die für die Zeugkapitäns vorgeschriebene Uniform anlegen.

Berlin, den 15. November 1832.

In Abwesenheit Sr. K. H. des Prinzen August

gez. v. Diest.«

Mein kindliches Vertrauen zu dem allmächtigen, großen Gott hatte sich also herrlich bewährt, meine innere Stimme hatte mich nicht getäuscht, durch seine unendlich große Gnade war ich Hauptmann geworden, ungeachtet des mich so sehr beunruhigenden »Ich kann nicht«.

Ohne ein Hinzutun, ohne irgend einen Schritt von meiner Seite, ohne zu wissen, daß ich in Vorschlag gebracht worden war, wurde ich also *ganz in meiner Reihenfolge* zum *Hauptmann* befördert, und nie habe ich erfahren, wodurch Se. Majestät bewogen worden, ungeachtet des mich so niederschlagenden »Ich kann nicht« in meine Beförderung zu willigen. Allein es war *Friedrich Wilhelm der Gerechte,* mein König und mein Herr, der über mein Schicksal zu verfügen hatte, das war mir genug, das gab mir Antwort auf alle Fragen. Meine Freude über dieses so sehnlichst gewünschte, aber so schwankend in Aussicht gestellte Avancement war um so größer, als es mir eigentlich mehr brachte als ich mit Recht erwarten konnte. Ich rechnete nämlich darauf, wenn ich ja einmal Hauptmann werden sollte, Offizier von der Armee zu werden, jetzt blieb ich aber infolge der königlichen Bestimmung meiner Waffe nicht nur dem Wesen, sondern auch der Form nach treu. Als Hauptmann von der Armee hätte ich an meiner Uniform einen roten Kragen, rote Aufschläge tragen und eine mit einem roten Streifen versehene Mütze aufsetzen müssen, was zwar der Sache nach ganz dasselbe gewesen wäre, mir aber, der ich seit dem Jahre 1813 die Artillerieuniform trug und gern trug, nicht gleichgültig sein konnte. Die Uniform der Zeugkapitäne unterscheidet sich von der der Artilleriekapitäne nämlich nur dadurch, daß erstere schwarze, letztere hingegen rote Epauletts tragen. Und wieviel die roten Epauletts besser aussehen als die schwarzen, so war ich doch damals nicht mehr jung genug, um auf die Farbe ein besonderes Gewicht zu legen. Ich war überaus zufrieden, daß ich nach wie vor den schwarzen Samtkragen und die Aufschläge sowie die Artilleriemütze beibehalten konnte, und war dem Könige für diese mich überraschende Bewilligung im Herzen um so dankbarer. Übrigens waren ich und auch die anderen Offiziere der Meinung, daß der König mich die schwarzen Epauletts deshalb anlegen ließ, weil ich, so wie es bei den Zeugkapitänen der Fall ist, das Examen zum Artilleriekapitän nicht gemacht hatte.

Als ich mich nach einigen Tagen bei dem Kommandanten von Berlin dienstlich meldete und daselbst noch mit drei anderen Offizieren in derselben Absicht zusammentraf, wurden wir nach dem Palais des Königs geführt, um

Sr. Majestät vorgestellt zu werden. Nach allem was vorgefallen war und wie ich die früher mich betreffende Gesinnung des Königs aus dem mitgeteilten Briefwechsel kennen gelernt hatte, konnte mir diese Vorstellung natürlich nicht gleichgültig sein. Ich konnte ein gewisses ängstliches Gefühl nicht beherrschen, führte auf dem kurzen Wege ein eigentümliches Selbstgespräch, sprach mir Mut ein und hätte sehr gern auf die Vorstellung, wie ehrenvoll sie auch andererseits war, Verzicht geleistet. Allein es half nichts, und mit großer Befangenheit betrat ich das Zimmer, in welchem wir Se. Majestät erwarten sollten. Nach kurzem Verweilen trat der König ein. Er ging von einem zum andern und sprach mit jedem besonders. Als er zu mir trat und meine Meldung und meinen alleruntertänigsten Dank entgegengenommen hatte, äußerte er sich, wie damals beim Besuch der Schule, sehr wohlwollend über die Arbeiten meiner Schüler und setzte hinzu, daß ihm die Fortschritte, welche die jungen Leute machen, nicht entgingen. »Aber«, so sprach er weiter, »warum lassen Sie nur immer neue Geschütze zeichnen? Wäre es nicht sehr lehrreich für die jungen Artilleristen, wenn Sie auch solche Zeichnungen anfertigen ließen, aus welchen hervorgeht, wie man sich zu benehmen habe, um unbrauchbar gewordene Geschütze schnell wieder in einen fahrbaren Zustand zu setzen, was für den Kriegsgebrauch der Artillerie so wesentlich ist und im Kriege so oft vorkommt?« Ich erwiderte, daß auch solche Gegenstände auf der Schule gelehrt und gezeichnet würden, und wenn sich unter den ausgestellten Zeichnungen keine der Art bis jetzt befunden hätten, es nur daran läge, daß zufällig keine derselben so gut geraten sei, um sie auf eine öffentliche Kunstausstellung zu bringen. Der König schien mit dieser Antwort vollkommen zufrieden und entließ uns bald darauf sehr gnädig. Wie wesentlich verschieden war meine Stimmung, in welcher ich das Palais verließ, von der, mit welcher ich es betrat. Ich *fürchtete* diesen Empfang, der nun so ermutigend, so ehrenvoll für mich ausgefallen war. Daß sich auf der nächsten Kunstausstellung der Akademie eine sehr gelungene Artilleriezeichnung in der vom König angegebenen Art, die ich von einem der besten Schüler anfertigen ließ, befand, bedarf wohl keiner Versicherung.

Auf meine Dienstverhältnisse bei der Artillerie- und Ingenieurschule hatte mein Avancement weiter keinen Einfluß. Der Unterricht blieb in seinem ruhigen und vorgeschriebenen Gang, und hier, sowie bei den andern mir obliegenden Dienstgeschäften bemühte ich mich, die Zufriedenheit meiner Vorgesetzten mir zu erhalten.

Von meinem ersten Auftreten bei der Schule war es mein unausgesetztes Bestreben, mir die Liebe, die Achtung und das Zutrauen meiner Schüler zu erwerben und zu erhalten. Dieses Verhältnis des Lehrers zu den Schülern ist für jeden Unterrichtszweig, ganz besonders aber für Zeichenunterricht, von großer Wichtigkeit, indem der Erfolg des Unterrichts hier größtenteils den Händen der Schüler anvertraut ist. Mag der tüchtigste Zeichenlehrer, auch mit noch so gutem Willen, mit noch so großem Eifer seinen Unterricht erteilen, er wird und kann kein günstiges Ergebnis erzielen, wenn er es nicht versteht, die Schüler für sich einzunehmen, sie von dem Nutzen des Unterrichts möglichst zu überzeugen, sie empfänglich für denselben zu machen und sie gewissermaßen mit in sein Interesse zu ziehen. Hierzu kommt noch, daß der Zeichenlehrer seine Klasse niemals, so wie es bei dem vortragenden Lehrer der Fall ist, in Händen hat. Während dieser das ganze Auditorium stets im Auge behält, kann sich jener nur immer mit *einem* beschäftigen, die andern sind sich alsdann selbst überlassen, und fehlt es ihnen an Eifer, an Interesse für die Sache, haben sie für ihren Lehrer nicht die nötige Hochachtung, fühlen sie zu ihm keine besondere Neigung so wird und kann der Erfolg des Unterrichts nur ein dürftiger sein; es wird nichts geleistet, wie groß auch die Geschicklichkeit und die Kenntnisse des Lehrers sein mögen. Bedenkt man ferner, daß in einer Militärbildungsanstalt die Aufrechterhaltung der militärischen Disziplin eine Haupterfordernis ist und daß die zweckmäßige Handhabung derselben beim Zeichenunterricht und bei einer in der Regel sehr großen Anzahl von jungen Männern aus den oben angeführten Gründen um so schwieriger und deshalb aber auch um so unerläßlicher ist, so geht aus all dem Gesagten zur Genüge hervor, wie viele und wie große Schwierigkeiten das Amt eines Zeichenlehrers bei einer Militärschule von so bedeutendem Umfange in sich vereinigt und welche Anstrengung und Selbstbeherrschung es erfordert, um den gestellten Anforderungen sowohl in Hinsicht des Erfolges, als der militärischen Disziplin zu entsprechen. Dies alles wußte und fühlte ich sehr gut und wußte und fühlte es um so mehr, als bei mir noch ein ganz besonderes Element, nämlich das Vorurteil gegen meine Religion, mit in Rechnung kam und mir, besonders in den ersten Jahren, als ein nicht allzuleicht zu überwindendes Hindernis erschien. Und dennoch habe ich in der langen Reihe von Jahren, in welchen ich dies Lehramt bei der Schule verwalte, niemals eine Gelegenheit gehabt, irgend eine Abneigung der Schüler gegen meine Person zu bemerken. Vielmehr gehörte ich vom Anfang an bis jetzt mit zu den liebsten Lehrern der Anstalt, und die Erfolge meines Unterrichts im allgemeinen und die Leistungen meiner Schüler insbesondere erhielten stets die vollkommene Zufriedenheit und die ehrenvollste Anerkennung von Seiten der Vorgesetzten. Ich werde in der Folge noch einmal darauf zurückkommen und einige der mir alljährlich mitgeteilten Bemerkungen der vorgesetzten Behörden nachträglich im Auszuge liefern.

Aber dieser Zeichenunterricht, so große Freude er mir auch in Hinsicht des günstigen Erfolges bereitete, nahm doch andererseits auch meine ganze Tätigkeit, sowohl in geistiger als in körperlicher Hinsicht, in Anspruch, und während mir meine theoretischen Vorträge über die *darstellende Geometrie,* die ich im zweiten Zötus, und über die *Konstruktionslehren des Artilleriematerials,* die ich im zweiten und dritten Zötus zu halten hatte und bei welchen ich vom Katheder herab zu meinen Zuhörern sprach, in der Regel leicht wurden, kostete mich der praktische Zeichenunterricht eine fortwährende Anstrengung, und selten verließ ich und namentlich in meinem vorgerückten Alter, nach Beendigung des Unterrichts den Zeichensaal, ohne eine größere oder geringere Abspannung zu verspüren.

Von der Zuneigung meiner Schüler, von ihrer Dankbarkeit gegen mich und von ihrer Liebe zu mir erhielt ich sowohl durch Worte als durch die Tat die unverkennbarsten Beweise, und zum Beleg will ich nur einen der vielen sich mir darbietenden Fälle, als besonders hervortretend, hier mitteilen.

Im Sommer 1835 machte ich mit meinem lieben Schwager und Freund, dem Rittergutsbesitzer M. J. und seiner Frau, eine Vergnügungsreise nach den Rheingegenden und nach Holland. In jeder preußischen Stadt, in welcher Artillerie- oder Ingenieuroffiziere in Garnison standen, waren wir fast beständig von ihnen umgeben, die mir über diesen

Besuch und über das Wiedersehen ihres alten Lehrers ihre ungeteilte und herzliche Freude zu erkennen gaben. Meine Schwägerin, eine höchst liebenswürdige aber ziemlich schüchterne Frau, fühlte sich manchmal in dieser militärischen Umgebung mehr oder weniger befangen, wiewohl es die Offiziere nicht an Aufmerksamkeit gegen sie fehlen ließen. Allein da sie sah, welchen tiefen Eindruck dieses liebevolle und zuvorkommende Benehmen meiner ehemaligen Schüler auf mich machte, wie gern ich in ihrer Gesellschaft war und wie sehr dieselbe zur Erhöhung des Genusses meiner Reise beitrug, so ließ sie sich, bei ihrer großen Herzensgüte, dieses Verhältnis gern gefallen.

Als wir nun nach Koblenz kamen und daselbst einige Tage bleiben wollten, ging ich in Zivilkleidern (die ich auf der Reise immer nur anlegte) auf die Parade, um die dortigen Offiziere der achten Artilleriebrigade, meine ehemaligen Schüler, nach längerer oder kürzerer Trennung wiederzusehen. Ich blieb in einiger Entfernung stehen, um die Beendigung der Dienstbefehle abzuwarten. Doch kaum wurde ich von zwei Offizieren bemerkt und erkannt, als sie schnell auf mich zueilten und unter der herzlichsten Begrüßung mich baten, heute Mittag ihr Gast bei der gemeinsamen Offiziertafel zu sein, was ich natürlich mit großer Bereitwilligkeit und sehr gern annahm. Bald wurde ich nun auch von den andern Artillerieoffizieren bemerkt, einer erzählte es dem andern, und in wenigen Minuten war das ganze Offizierkorps, es mochten so an vierzig sein, um mich versammelt. Der Empfang war über mein Erwarten herzlich, das Händereichen und -Drücken, das Umarmen und die muntere Freude der fröhlichen Rheinländer wollten kein Ende nehmen. Der Brigadier, Oberst *von Frankenberg* (jetzt Generalmajor und Inspekteur), bemerkte mit

- I -

Die

geometrische Zeichnenkunst,

oder vollständige Anweisung

zum Linearzeichnen, zum Tuschen und zur Construktion der Schatten;

für

Artilleristen, Ingenieurs, Baubeflissene und überhaupt für Künstler und Technologen,

zunächst

zum Gebrauche beim Unterricht in den Königlich Preußischen Artillerie-Schulen.

Von

M. Burg.

Lieutenant der Artillerie und Lehrer bei der Königlich vereinigten Artillerie- und Ingenieur-Schule.

Erster Theil.

Die allgemeine geometrische Zeichnungslehre.

Mit 11 Kupfertafeln.

Berlin,
Verlag von Duncker und Humblot.
1822.

Titelblatt der ersten Auflage »Die geometrische Zeichnenkunst« von Meno Burg

Seiner Königlichen Hoheit

dem

Prinzen August von Preußen

in

tiefster Ehrfurcht

gewidmet.

Durchlauchtigster Königlicher Prinz,
Gnädigster Prinz und Herr!

Ew. Königliche Hoheit wage ich, in tiefster Unterthänigkeit, eine Arbeit zu Füßen zu legen, welche nur auf HöchstDero gnädigsten Befehl, nur durch die huldreiche Auffoderung zum Beginnen und zur Fortsetzung derselben, ihr Dasein erhalten hat.

Auf dem erhabenen, durch glänzendes Verdienst glorreich ausgezeichneten Standpunkte, welchen Ew. Königliche Hoheit einnehmen, sind HöchstDero Blicke bei der Uebersicht und Umfassung des Allgemeinen und Grossen nicht dem Einzelnen entzogen, und während das Ganze HöchstDero Interesse fesselt und unter HöchstDero weiser und gerechter Leitung herrlich gedeihet, wird jeder Theil besonders von Ew. Königlichen Hoheit mit einer nicht genug zu bewundernden Sachkenntniß gewürdigt.

Ew. Königliche Hoheit haben meiner Arbeit HöchstDero besondere Aufmerksamkeit gnädigst zu schenken geruhet, haben das Manuscript und die Zeichnungen nicht nur durchgesehen und Höchsteigenhändig mit Bemerkungen versehen, sondern mich auch da, wo ich der Belehrung bedurfte, huldreichst zurecht gewiesen; so daß ich es nur dieser ausgezeichneten Gnade zuzuschreiben habe, wenn der Zweck, welchen Ew. Königliche Hoheit bei der Herausgabe dieser Schrift vor Augen hatten, erreicht wird.

Meinen unterthänigsten Dank für alle mir erwiesene Huld und Gnade wußte ich nicht anders an den Tag zu legen, als dadurch, daß ich mich der von Ew. Königlichen Hoheit mir aufgetragenen Arbeit mit allem mir möglichen Fleiße unterzog und mein ganzes Bestreben dahin richtete, das Zutrauen zu rechtfertigen, welches mein erlauchter Chef in mich gesetzt.

Geruhen Ew. Königliche Hoheit die Gefühle der unbegrenzten und innigsten Dankbarkeit gnädigst aufzunehmen, mit welcher ich in tiefster Ehrfurcht ersterbe,

Ew. Königlichen Hoheit

Berlin, im Juli 1821.

ganz unterthänigster
Burg.

Widmung für Prinz August von Preußen in »Die geometrische Zeichnenkunst«, 1822

König Friedrich Wilhelm IV. von Preußen (1795–1861)

Roter-Adler-Orden 4. Klasse, preußischer Orden 1792–1918

Meno Burg (1788–1853)

- N -

Grabsteine von Meno Burg und seiner Frau Julie, geb. Riess,
auf dem Jüdischen Friedhof Schönhauser Allee in Berlin.
Die Daten lauten auf beiden Seiten des Grabsteins von Meno Burg:
geb. 19. Tischri 5550 = 9. Oktober 1789
gest. 22. Aw 5613 = 26. August 1853
Auf dem Foto ist schwer zu erkennen, daß der Steinmetz auf der hebräischen Seite die Jahreszahl von 5615 in 5613 korrigiert hat.

- O -

Efeublatt vom Grab des Meno Burg. Eingeklebt mit einem handschriftlichen Vermerk in das Buch »Major Burg. Lebensbild eines jüdischen Offiziers« von Eugen Wolbe von 1907.

Erstaunen die Aufregung seiner Offiziere und schickte den Adjutanten hin, um sich nach dem Grund derselben zu erkundigen. Als er von demselben aber erfuhr, daß der Hauptmann Burg aus Berlin angekommen sei, kam er selbst ebenfalls auf mich zu und umarmte mich mit inniger, mir sehr wohltuender Herzlichkeit. Wir waren früher lange Jahre in Berlin zusammen gewesen, er war damals Adjutant des Prinzen August und immer sehr wohlwollend und liebevoll gegen mich. Aus der früheren Einladung der beiden Offiziere durfte nun nichts werden, die andern wollten durchaus nicht darauf eingehen. Es wurde vielmehr einstimmig und förmlich beschlossen, daß ich den folgenden Tag der Gast des gesamten Offizierkorps sein sollte, in welchem Sinne ein demgemäß arrangiertes Mittagsessen sogleich verabredet wurde. Den andern Tag ward ich um die festgesetzte Zeit von zweien der ältesten Offiziere, in Uniform und Federhut, aus meinem Hotel abgeholt und in das Lokal des Offizierspeisesaals geführt. Dort fand ich sämtliche Offiziere, ebenso gekleidet, bereits versammelt. Zu meiner großen Freude und Überraschung hatten sie einen Boten nach Andernach geschickt und den Leutnant *Schuch* der reitenden Artillerie, der dort im Quartier lag (derselbe, mit welchem ich vormals nach Gübs fuhr), holen lassen, weil sie wußten, in welchem intimen Freundschaftsverhältnis wir zueinander standen. Die Tafel war mit Blumen und Aufsätzen herrlich geschmückt, ich mußte den Ehrenplatz zwischen meinem Freunde und dem ältesten Hauptmann einnehmen, und mir gegenüber war ein Orchester von grünen Zweigen errichtet, auf welchem sich die Musik der Brigade befand. Schon bei meinem Eintritt in den Saal wurde ich von einem rauschenden Tusch begrüßt. Dieser ehrenvolle und hochherzige Empfang, die ganze

Versammlung, die ganze Anordnung des Festes, machten einen so tiefen und gleichzeitig so erhebenden Eindruck auf mich, daß ich mich jetzt vergebens bemühen würde, ihn durch Worte so wiederzugeben, wie ich ihn damals empfunden habe. Ich konnte anfangs vor Überraschung kein Wort der Anerkennung und des innigsten Dankes hervorbringen. Doch das treffliche Mahl, der durchaus nicht spärlich fließende Wein und vor allem der leichte und heitere Ton der fröhlichen Rheinländer lösten auch mir die Zunge und das anfangs vor Überraschung beengte Herz. Während der Tafel wurde mir ein gedrucktes Heft mit Liedern überreicht, ich sollte daraus diejenigen aussuchen, die ich zu hören wünschte. Ich tat es. Sie waren meist lustigen Inhalts und wurden von den Offizieren, unter Musikbegleitung, herrlich gesungen und vortrefflich ausgeführt. Durch alles, was mich umgab, und nun besonders durch diese scherzhaften Lieder wurde auch ich über alle Beschreibung heiter, lustig und zuletzt ausgelassen fröhlich. Ich jubelte mit den Jubelnden und herzte und umarmte meine lieben und teuren Gastgeber. Daß während der Tafel auf meine Gesundheit wiederholt getrunken und entsprechende Toaste ausgebracht wurden, daß ich auf das gerührteste, herzlichste und innigste dankte, versteht sich von selbst. Es gehört dieser herrliche Tag unstreitig mit zu den glücklichsten meines Lebens. Tief fühlte ich den unschätzbaren Wert dieses mich so ehrenden und erhebenden Empfanges, diesen offenen und ganz unzweideutigen Beweis von Zuneigung und Achtung in seinem ganzen Umfange. Ich stand mit keinem dieser Offiziere in irgend einer dienstlichen Beziehung, und war demnach vollkommen berechtigt, alles mir Widerfahrene nur auf *mich selbst* zu beziehen. Es war also rein *persönlich,* reiner Erguß von Freundschaft, Hochachtung und Liebe, ohne irgend eine Nebenabsicht. Nach aufgehobener Tafel blieben wir unter scherzhaften Gesprächen noch eine kurze Zeit zusammen, und ich kam nach Beendigung des Festes seelensvergnügt in meinem Hotel bei meinen mich erwartenden Verwandten an. Den andern Morgen holten mich mehrere Offiziere in einem Wagen ab und zeigten mir Ehrenbreitstein. Ich sah diese merkwürdige Festung hier zum ersten Mal. Als wir den andern Tag nach dem Dampfschiff kamen, um unsere Reise fortzusetzen, fanden wir wieder sehr viele Offiziere der achten Artilleriebrigade an demselben versammelt, um mir noch ein Lebewohl zu wünschen. Mit einem unnennbar rührenden und erhebenden Gefühl verließ ich Koblenz. Der beglückende und tiefe Eindruck, den diese Stadt auf mich gemacht hat, wird stets in meinem Herzen bleiben, nie wird das Andenken der in Koblenz verlebten herrlichen Tage meinem Gedächtnis entschwinden.

Sollten diese Blätter nach meinem Tode zufällig in die Hände derjenigen Herren Offiziere der achten Artilleriebrigade kommen, welche durch ihre treue Liebe mir diese große und genußreiche Freude bereitet haben, so mögen sie aus denselben entnehmen, mit welcher *unvergänglichen Dankbarkeit* ich ihr mich so ehrendes Wohlwollen aufgenommen habe, wie glücklich mich ihre so vorurteilsfreie und herzliche Zuneigung gemacht hat und wie das Andenken an die herrlichen Tage in Koblenz und an das *hochachtbare* Offizierkorps der achten Artilleriebrigade mir bis zum Grabe teuer war, und mein Dank nur mit meinem Leben aufhören konnte.

Als der General von Bardeleben, mein Spandauer Quälgeist, welcher damals Artillerieinspekteur war und in Koblenz wohnte, von diesem ehrenvollen Empfang Kenntnis erhielt, billigte er nicht nur das Benehmen der Offiziere vollkommen, sondern äußerte sich sogar über mich in sehr wohlwollenden und anerkennenden Worten, wie ich solches nachmals aus dem Munde seines damaligen Adjutanten, des Majors Baron v. d. Goltz, meines hochverehrten Freundes, erfahren habe.

Wie bekannt, wird jedem Offizier, der 25 Jahre im stehenden Heere gut gedient hat, von Sr. Majestät ein goldenes Kreuz am kornblumenblauen Bande, das sogenannte *Dienstauszeichnungskreuz,* verliehen. Mit bangem Erwarten näherte ich mich nun diesem Zeitpunkt. Ich wußte, wie der König über diesen Gegenstand denke, wußte, wie hoch er dieses christliche Sinnbild der Erlösung achte, und wie er bis jetzt noch keinem Juden irgend einen Orden der Art verliehen habe. Und dennoch konnte ich nach zurückgelegter fünfundzwanzigjähriger Dienstzeit nicht mit Ehren in der Armee bleiben, wenn mir dieses Dienstauszeichnungskreuz vorenthalten werden sollte. Die Sache lag mir natürlich sehr schwer auf dem Herzen und der Gedanke, meinen Abschied nehmen zu müssen, beunruhigte mich um so mehr, je mehr Freude mir der Dienst machte, je mehr ich es wünschte, noch länger im stehenden Heere bleiben zu dürfen. In dieser mich bewegenden Unruhe wurde ich durch folgenden Vorfall noch mehr bestärkt. An einem Abend fragte ich in einer Gesellschaft den Oberst v. Erhardt (jetzt Generalmajor und Inspekteur), wie sich der Offizier zu verhalten habe, wenn er in seiner Dienstzeit bis zum Empfang des Dienstauszeichnungskreuzes herangerückt sei? Er erwiderte mir hierauf, daß er in seiner Brigade die Einrichtung so getroffen, daß jeder Offizier, wenn er den Zeitpunkt erreicht habe, sich bei ihm schriftlich melde, daß er alsdann die Richtigkeit der Angabe prüfe und die desfallsigen Vorschläge höheren Orts mache. »Sie werden sich demnach«, setzte er hinzu »an Ihren General schriftlich zu melden haben und um weitere Beförderung Ihrer Eingabe bitten.« Doch plötzlich hielt er inne, sah mich bedenklich an und sagte: »Aber, lieber Burg, Sie können das Kreuz ja gar nicht bekommen, Sie kennen doch die Ansichten des Königs, und es kann Ihnen nicht entgangen sein, daß es gegen sein Gewissen ist, einem Juden ein Kreuz zu verleihen.« Ich kannte den trefflichen Charakter des Obersten und sein biederes Soldatenherz viel zu gut, als daß mich diese offene Antwort nur im mindesten befremden oder verletzen konnte, wiewohl sie allerdings ein niederschlagendes Gefühl in mir erregte. Ich sagte ihm, daß ich die Nichterhaltung dieses Kreuzes als ein großes Unglück betrachten würde, indem ich alsdann nicht länger mehr mit Ehren dienen könnte und wider meinen Willen den Abschied fordern müßte. Er suchte mich möglichst zu beruhigen und gab mir den Rat, die ganze Sache auf sich beruhen zu lassen, gar nicht einzukommen; wer viel fragt, bekommt viel Antwort. »Ich rate Ihnen vielmehr, die betreffenden Behörden selbst kommen zu lassen.« Lange Zeit ging ich mit mir zu Rate, wie ich mich in diesem für mein künftiges Leben so höchst wichtigen Fall benehmen sollte, und kam endlich zu dem festen Entschluß, hier wiederum so zu handeln, wie ich bis jetzt immer gehandelt und für gut erkannt habe, d. h. den geraden Weg zu gehen, auf meinen allgütigen Gott zu vertrauen, Ihm, nur Ihm mein Geschick getrost zu überlassen. Den 10. März 1838, also gerade 25 Jahre nachdem ich in Neiße geschworen hatte, schrieb ich an den Generalmajor *Plümicke,* den damaligen Direktor der Artillerie- und Ingenieurschule, den betreffenden Brief und zwar ganz in der gebräuchlichen Dienstform, ohne irgend einen meine

Befürchtungen verratenden Zusatz, und bat denselben, so wie es alle anderen Offiziere machen, mich geneigtest zur Verleihung des Dienstauszeichnungskreuzes in Vorschlag bringen zu wollen. Die Verleihung dieses Kreuzes von seiten des Königs an sämtliche hierzu berechtigten Offiziere des stehenden Heeres geschieht alljährlich am 18. Juni. Wie getrost und ruhig ich auch im ganzen war, so konnte ich dessenungeachtet eine gewisse Spannung und Unruhe nicht gänzlich überwältigen, welche natürlich um so mehr zunahm, je mehr ich mich dieser für mich so verhängnisvollen Zeit näherte. Am 26. Juni 1838 ging ich frühmorgens nach dem Brunnengarten in der Husarenstraße, um eine meiner Schwägerinnen von dort abzuholen. Ich war kaum in den Garten getreten, als der Oberst *v. Hahn*, Chef des Generalstabs der Artillerie, auf mich zukam und mit einem sehr ernsthaften Gesicht zu mir sagte: »Lieber Burg, es tut mir sehr leid, Ihnen eine unangenehme Nachricht mitteilen zu müssen.« Die Miene des Obersten und seine Anrede berührten mich sehr unangenehm, und wiewohl ich in diesem Augenblick an das Kreuz nicht dachte, auch mir nichts bewußt war, was die Veranlassung zu dieser mißliebigen Anrede sein konnte, so erschrak ich dessenungeachtet und erwiderte: »Aber sagen Sie mir, was in aller Welt habe ich denn getan?« – »Getan haben Sie gar nichts, aber gestern ist das goldene Dienstauszeichnungskreuz bei der Generalinspektion für Sie eingegangen, und nun werden Sie doch wohl einsehen, daß Sie als ein so alter Kerl keine zweite Frau mehr bekommen können.« Wer beschreibt meine Freude, meine Überraschung über diese so glückliche und unerwartete Mitteilung? – Noch denselben Vormittag übergab mir der General Plümicke in dem Schulgebäude das so sehnlichst erwünschte Kreuz und das darüber sprechende

Patent, dessen Empfang ich bescheinigen mußte. Er wünschte mir Glück und setzte mit Bedeutung hinzu: »Es macht mir große Freude, Ihnen, mein lieber Hauptmann, dieses Kreuz einhändigen zu können, und zwar mehr in negativer als in positiver Hinsicht.« Ich verstand ihn nur zu gut und dankte ihm herzlich für seine Teilnahme. Alle meine Sorgen, alle meine mich beunruhigenden Gedanken waren nun mit einem Male durch die unendlich große Gnade meines allbarmherzigen Gottes glücklich beseitigt, mein heißer Wunsch war erfüllt, mein Gebet erhört worden, ich konnte mit Ehren meine Laufbahn weiter verfolgen. –

Der Inspekteur der Schule war der Generalleutnant *von Reiche,* vom Ingenieurkorps (jetzt als General der Infanterie in den Ruhestand versetzt). Dieser edle und wahrhafte *Ehrenmann*, im ganzen Umfange des bedeutenden Wortes, war mir stets gewogen und gab mir sowohl schriftlich als mündlich wiederholend seine Zufriedenheit mit meinen Leistungen in den belobendsten Ausdrücken zu erkennen. Von seiner nächsten Umgebung erfuhr ich, daß es schon längst sein Vorsatz war, mich Sr. Majestät zur Verleihung des Roten Adlerordens vierter Klasse in Vorschlag zu bringen, und wiewohl er die Ansichten des Königs in betreff dieses Punktes recht gut kannte, so nahm er dessenungeachtet keinen Anstand, seinen Vorsatz am 18. Januar des Jahres 1838 in Ausführung zu bringen. Allein Se. Majestät fanden sich nicht bewogen, auf diesen Vorschlag einzugehen, ohne weitere Gründe anzugeben. Als ich nun im Laufe dieses Jahres das Dienstauszeichnungskreuz bereits erhalten hatte, also schon im Besitz eines Kreuzes war, so hielt es der General von Reiche für ratsam, mich wieder in Vorschlag zu bringen. Und er tat es nun mit Zuversicht bei der nächsten Ordensverleihung, also zum 18. Januar 1839, ohne weiteres und ohne daß ich etwas davon erfahren hatte. Von Sr. K. H. dem Prinzen August wurde dieser Vorschlag, sowie der vorjährige, auf das dringendste unterstützt, und beide Herren rechneten jetzt mit Gewißheit auf die Genehmigung des Königs. Allein sie hatten sich beide wiederum verrechnet, der König ging auch diesmal nicht darauf ein. Als ich von dieser ganzen Angelegenheit Kenntnis erhielt, war ich mehr über das Wohlwollen meiner edlen hohen und vorurteilsfreien Vorgesetzten erfreut, als ich mich über den abschlägigen Bescheid des Königs grämte, obgleich ich mich andererseits und namentlich als Jude über die Verleihung des Ordens unendlich gefreut, ja überaus glücklich gefühlt hätte. Sonderbar genug hatte ich bis zu der Zeit, wo ich zum ersten Male in Erfahrung brachte, daß ich zum Roten Adlerorden in Vorschlag gebracht worden sei, nicht den mindesten Anspruch auf denselben gemacht, ja es kam mir weder der Wunsch noch das Verlangen dazu in den Sinn. Denn erstens konnte ich aus einem mir eigentümlichen Gefühl für Bescheidenheit nicht einsehen, was mich zu diesem Wunsch besonders berechtigen sollte, und zweitens wagte ich als Jude gar nicht, diesen Gedanken bei mir aufkommen zu lassen, zumal ich von der Gerechtigkeitsliebe des Königs zwar alles, aber von seiner Gnade gegen mich nichts erwarten durfte, da ich mich so unwillfährig bei Gelegenheit der Taufe, dem Wunsch des Königs gegenüber, gezeigt hatte. Jetzt aber war dieser Gedanke bei mir mit einem Male und ganz ohne mein Hinzutun wiederholt angeregt worden, jetzt konnte ich auch den dringenden Wunsch, den Roten Adlerorden zu besitzen, nicht so leicht wieder los werden. Mein in dieser Beziehung plötzlich angeregtes Ehrgefühl machte mir den Besitz desselben über alles wünschenswert, und es erschien mir die *erste* Verleihung dieses Ordens an einen Juden um so wesentlicher und erfolgreicher, als dadurch das in dieser Hinsicht befolgte Prinzip aufgehoben wurde. Mit außerordentlich großer Spannung sah ich demnach dem 18. Januar des Jahres 1840 entgegen, indem ich wohl mit Recht voraussetzen konnte, daß ich wieder vorgeschlagen werden würde. Der Tag kam, aber der so sehnlichst erwünschte Orden blieb zum dritten Male aus. Und wie nach jeder großen Anspannung nach und nach eine dieser Anspannung entsprechende Erschlaffung eintritt, so wurde auch bei mir die Sehnsucht nach dem Besitz des Ordens immer gemäßigter, und die Hoffnung, ihn jemals zu erhalten, allmählich schwächer. Hierzu kam noch der mich vollends beruhigende Gedanke, daß es mit diesem Orden ja eine ganz andere Bewandtnis habe als mit dem Dienstauszeichnungskreuz, ohne dessen Besitz ich füglich nicht länger hätte im Dienst bleiben können, während der Rote Adlerorden im stehenden Heere, im Verhältnis zum Zivil, nur selten verliehen wird. Denn von den 174 Hauptleuten der Artillerie hatten zurzeit nur 12 diesen Orden, und bei den 1050 Hauptleuten und Rittmeistern der ganzen Armee (ohne Landwehr) ist das Verhältnis noch bei weitem geringer, indem ungefähr nur 78 derselben diesen Orden besitzen. Warum sollte nun gerade ich zu den wenigen Bevorzugten gehören und eine Auszeichnung erhalten, die so vielen von meinen bewährteren, tüchtigeren und brauchbareren Kameraden versagt ist?

Am 7. Juni 1840 entschlief zum bessern Leben der hochselige König, und Friedrich Wilhelm IV. bestieg den ihm angestammten Thron.

Es war natürlich, daß dieses ganz veränderte Verhältnis auch auf mich zurückwirken mußte, daß hierdurch namentlich meine Hoffnung in Beziehung des Ordens wieder etwas angeregt wurde und daß ich dem 18. Januar 1841 mit einer gewissen Spannung entgegensah. Zu dieser Hoffnung glaubte ich mich aber jetzt um so mehr berechtigt, als ich nun beinahe ein Vierteljahrhundert bei der Artillerie- und Ingenieurschule stand und sowohl mein Lehramt, als auch die andern mir obliegenden Dienstverrichtungen stets zur Zufriedenheit meiner Vorgesetzten verwaltet hatte. Jedoch ich hatte mich auch hier zum vierten Mal getäuscht und glaubte nun überzeugt sein zu können, daß ich auch von des jetzt regierenden Königs Majestät den Orden niemals erhalten würde. Die beruhigenden und beschwichtigenden Gedanken, welche zu Anfang des Jahres 1840 so heilsam und so tröstend auf mich einwirkten, traten nun wieder in voller Kraft auf, mein froher Sinn kehrte bald wieder bei mir ein, ich dachte nur selten an den Orden, und wenn dieser Gedanke ja hin und wieder in mir auftauchte, so betrachtete ich diesen Orden als einen für mich unerreichbaren Gegenstand, und blieb guter Dinge.

Der 15. Oktober, der Geburtstag unseres Königs, ist, wie bekannt, ein hoher Feiertag für jeden echten und wahren Preußen, und um so mehr für jeden Soldaten, und nur die notwendigsten Dienstgeschäfte werden an demselben vollführt. An diesem Tage des Jahres 1841 spielte ich vormittags, wie ich in den Mußestunden zu tun pflege, einige bekannte Lieblingsmelodien, als der Schreiber der Schule mir gemeldet wird, der mich, im Auftrage des Generals, dringend zu sprechen habe. Mit einer ziemlich ernsthaften Dienstmiene wegen sicherer Störung an dem Feiertage empfange ich den eintretenden Unteroffizier, weiß mich aber im nächten Augenblick vor freudiger Überraschung, vor Erstaunen kaum zu fassen, als mir derselbe den soeben bei der Generalinspektion der Artillerie für mich eingegangenen *Roten Adlerorden vierter Klasse* überreicht. Ich war außer mir vor Freude, als ich das rote Kästchen öffnete und den so lang und so sehnlichst erwünschten Orden nebst Band endlich erblickte. Als ich mich allein befand, dankte ich auf meinen Knien dem unendlich großen allgütigen Gott für die unverdiente Gnade, daß Er mir auch diesen Wunsch in Erfüllung gehen ließ. Ich hätte nun und nimmermehr gedacht, daß irgend eine Überraschung mir noch eine so überaus große Freude verursachen, so auf mich einwirken könnte. Allein ich hatte auch kaum mehr an diesen Orden gedacht und die Erfüllung dieses verjährten und beiseite gelegten Wunsches am wenigsten heute erwartet. Ich zog mich sogleich an, schmückte mich mit meinem neuen Orden und machte die notwendigsten Meldungen und Besuche. Der General Plümicke sagte mir, daß ich die Verleihung des Ordens der sehr günstigen Befürwortung des Prinzen August, hauptsächlich aber den sehr dringenden und wiederholenden Vorschlägen des Generalleutnants von Reiche, zu danken habe. Von diesem wahrhaft edlen und hochherzigen Manne wurde ich nun wie ein Sohn von seinem Vater empfangen, und seine Freude über das endliche Gelingen seiner vielen und unausgesetzten Bemühungen gab er mir in den belobendsten und herzlichsten Äußerungen zu erkennen. Auch der Empfang bei meinem erhabenen Chef, dem Prinzen August, übertraf meine Erwartungen. Wiederholt drückte er mir die Hand und teilte mir mit, daß der König nur noch einem, nämlich dem Hauptmann *Hein* (zuletzt Major und Direktor der Pulverfabrik in Spandau), heute den Orden verliehen habe. Von Freude erschöpft und über alle Maßen seelensvergnügt kam ich in meiner Wohnung an. Ach, ich wußte nicht, welche ehrenvolle Auszeichnung mir heute noch bevorstand.

So lange ich in Berlin in Garnison stand, hatte ich immer an der Geburtstagsfeier des Königs an der Mittagstafel des Offizierkorps der Gardeartilleriebrigade teilgenommen, und so war es auch in diesem Jahre. Als ich zur gehörigen Zeit in den Speisesaal trat, wurde ich von sämtlichen Offizieren mit der teilnehmendsten Herzlichkeit beglückwünscht. Der Brigadier Oberst von Erhardt lud mich ein, für heute sein Gast zu sein und ich mußte an der Tafel an seiner Seite Platz nehmen. Nach herkömmlicher Weise wurde während der Mahlzeit vom Obersten nach einer sehr passenden und einleitenden Rede der Toast auf Se. Majestät den König ausgebracht, welchem unter Trompetenschall ein dreimaliges Lebehoch mit allgemeiner Begeisterung folgte. Nach Verlauf von ungefähr einer halben Stunde erhob sich der Oberst von Erhardt wieder von seinem Platz und gab ein Zeichen, daß er etwas vorzutragen habe. Alle Offiziere standen auf, niemand ahnte, was er sagen würde, ich am allerwenigsten. Doch wer beschreibt meine mich bestürmenden Empfindungen, meine mich ebenso erhebenden wie beschämenden Gefühle, als der Oberst folgende Worte aussprach: »Meine Herren! Es ist zwar eine lang hergebrachte Sitte, an diesem unserem Könige und Herrn geweihten Tage nur Ihm einen Toast darzubringen und für Sein stetes Wohlergehen unsere innigsten und tiefgefühlten Wünsche auszusprechen. Allein ich glaube in Ihrem Sinne zu handeln, wenn ich mir für heute eine Abweichung von dieser Regel erlaube und Sie, meine Herren, auffordere, die Gläser zu füllen und unserm neuen Ritter vom ganzen Herzen unseren herzlichen und kameradschaftlichen Glückwunsch darzubringen. Der jüngere Teil von Ihnen, und das werden wohl die meisten sein, sind seine Schüler, wir älteren sind seine Freunde, wir alle wissen, wie viel er durch seinen unermüdlichen Fleiß und durch seinen Eifer zum Gedeihen unserer Waffe beigetragen hat, wir alle wissen und fühlen es, welch' ein lieber Kamerad er uns immer war und fortan bleiben wird, wir alle nehmen deshalb auch an der ihm zuteil gewordenen Auszeichnung den herzlichsten Anteil und freuen uns mit seiner Freude. Unser neuer Ritter, der Hauptmann Burg, er lebe hoch!« Und ein dreimaliges, allgemeines, laut hinschallendes Lebehoch wurde mir unter Trompetenschall dargebracht. Ich wollte einige Worte des Dankes hervorbringen, allein ich war zu tief bewegt, zu sehr ergriffen, meine Gefühle überwältigten mich, die Stimme versagte mir ihren Dienst, ich konnte kein Wort hervorbringen. Mit tränenden Augen umarmte ich meinen lieben Obersten und setzte mich, tief erschüttert, still auf meinen Platz. Aber ein brünstiges Stoßgebet, einen unbeschreiblich tief empfundenen Dank sendete ich in stiller Demut zum Throne des Allgewaltigen, der mir unverdient so unendlich große Gnade erzeigte. - Ach, mein Gott, mein Gott, ich bin viel zu gering für alle die Gnade, für alle die Treue, die Du, allbarmherziger Gott, Deinem Knechte erwiesen hast, seit ich bin, bis auf diesen Tag! -

Es ist schon früher mitgeteilt worden, daß die Schule alljährlich einen Bericht über den Fortgang derselben an eine ihr vorgesetzte Behörde, nämlich an die Königliche Allgemeine Militärstudienkommission, einzureichen habe. Diesem Bericht müssen mehrere schriftliche Arbeiten und die von den Schülern angefertigten Zeichnungen beigefügt werden. Die genannte Kommission macht alsdann über diesen Bericht ihre desfallsigen Bemerkungen, welche sich über den Fortgang der Schule sowie über den Erfolg des Unterrichts und über die Leistungen bald lobend, bald tadelnd aussprechen, und teilt diese Bemerkungen, welche jeden Lehrgegenstand besonders umfassen, der Direktion zu ihrer Kenntnisnahme und zur Befolgung mit, so wie sie auch andererseits einen Bericht an des Königs Majestät über den Fortgang und Erfolg der verschiedenen Bildungsanstalten der Armee, die alle unter ihrer Leitung stehen, einreicht. Jeder der Lehrer erhält alsdann die ihn betreffenden Bemerkungen abschriftlich zugeschickt, um sich beim Verfolg des Unterrichts danach zu richten und die etwaigen Rügen zu berücksichtigen. Ich hatte, wie bereits früher erwähnt, das wirklich große Glück, alljährlich von der Militärstudienkommission belobt zu werden; die anerkennendste und unbedingte Zufriedenheit dieser Behörde mit dem Erfolg meines Unterrichts und mit den Leistungen meiner Schüler blieb nie aus, und oft habe ich mich im stillen gewundert, mit welcher Gewandtheit im Gebrauch der Sprache sie denselben Inhalt immer anders und immer verbindlicher auszudrükken vermochte. Als ein Beispiel, wie diese mich betreffenden Bemerkungen abgefaßt worden, dürfte es von Interesse sein, wenn ich hier nur die diesjährige folgen lasse, weil sich dieselbe gleichzeitig über mein fünfundzwanzigjähriges Wirken als Lehrer ausspricht.

»Der Unterricht im Zeichnen und Aufnehmen des Artilleriematerials wird, schon seit bald 25 Jahren, von dem Lehrer mit treuer, ausdauernder Pflichterfüllung und großem Erfolg betrieben, so daß die Arbeiten seiner Schüler und der daraus sich allgemein verbreitete Nutzen bereits die Aufmerksamkeit auswärtiger Artillerien auf sich gezogen hat. Die Militärstudienkommission nimmt daher sehr gern Veranlassung, dem Lehrer nicht bloß ihre vollste Anerkennung zuteil werden zu lassen, sondern ihm auch ihren Glückwunsch zu seiner bald fünfundzwanzigjährigen Wirksamkeit und treuen Pflichterfüllung abzustatten.

Berlin, den 27. Mai 1841.

Königliche Militärstudienkommission.«

Im Jahre 1842 erhielt ich von meiner Verlagsbuchhandlung die erfreuliche Anzeige, daß der erste Teil meiner geometrischen Zeichenkunst, also die Géométrie descriptive, vergriffen sei, und gleichzeitig eine Aufforderung zur Bearbeitung einer neuen Auflage dieses Werkes. Da nun dieser erste Teil im Jahr 1822 erschienen und das erste deutsche Werk war, welches diesen Teil der Mathematik, im allgemeinen, in der von mir gewählten Methode behandelte, so war mir diese Anzeige um so lieber und um so erwünschter, als ich infolge meiner vermehrten Kenntnisse und Erfahrungen mit meinem Werke nicht mehr zufrieden war und manches anders gewünscht hatte. Ich sah sogleich ein, daß von einer neuen Auflage nur insofern die Rede sein konnte, als ich das ganze Buch von Anfang bis Ende gänzlich umarbeiten mußte, und machte dem Prinzen August hiervon die betreffende dienstliche Anzeige, indem das Buch, wie bereits mitgeteilt, gewissermaßen einen dienstlichen Charakter hatte und mit Genehmigung des Königs eingeführt worden war. Gleichzeitig war es auch mein Vorsatz, von dem zweiten Teil, welcher eine Anwendung der geometrischen Zeichenkunst auf die Darstellung des Artilleriematerials und das Aufnehmen desselben enthielt, eine neue Ausgabe zu bearbeiten und in demselben das jetzt in Ausführung zu bringende neue Feldartilleriematerial, nach der

Bestimmung vom Jahre 1842, mit aufzunehmen. Allein in dieser Beziehung stieß ich auf ein großes Hindernis, indem mir das Kriegsministerium die Erlaubnis hierzu anfangs nicht erteilen wollte. Jedoch wie der Verfolg zeigen wird, erhielt ich dessenungeachtet, obwohl erst nach einem langen Briefwechsel und nach vielen Bemühungen, im Jahre 1845 das nachgesuchte Imprimatur vom Kriegsministerium. –

Teils zu meiner Erholung, teils zur Befestigung meiner Gesundheit benutze ich oftmals die Seebäder zu Swinemünde, und so war ich auch im Sommer 1843 in gleicher Absicht dorthin gereist. Am 24. Juli sitze ich daselbst an der Mittagstafel, als ein mir befreundeter Herr an mich herantritt und mir die soeben aus Berlin eingegangene offizielle Mitteilung macht, daß der Prinz August am 19. desselben Monats auf einer Dienstreise gestorben sei. Wie ein Blitz aus heiterer Luft traf mich diese ebenso unerwartete wie erschreckende Nachricht. Noch kurz vor meiner Abreise war ich bei ihm zur Tafel befohlen. Er war bei der besten Laune, und seine edle, kräftige und heroische Gestalt, die männlich-schönen Züge seines edlen Angesichts ließen nicht im entferntesten das Herannahen eines baldigen Todes befürchten. Als ich ihm bei der Tafel meldete, daß jetzt schon die zweite Generation die Schule besuche, und ihm einige junge Offiziere aus derselben namhaft machte, deren Väter als Portepeefähnriche früher dieselbe besucht hätten, sagte er im scherzhaften Tone zu mir: »Nun, so wünsche ich mir und auch Ihnen, daß Sie mir noch die Meldung von der Ankunft einer dritten Generation machen mögen.« Und nun sollte dieser heldenmütige, hochherzige Prinz, dieser mein edler und erhabener Gönner, so plötzlich, so unvorhergesehen gestorben sein? Ich konnte den unglücklichen und mich so überaus betrübenden Gedanken gar nicht fassen. Ich war über den großen Verlust, den das Vaterland im allgemeinen, den die ganze Armee, den die Artillerie insbesondere, und den auch ich durch diesen Todesfall erlitten hatte, überaus schmerzlich ergriffen, niedergebeugt, ja fast verzagt. Ich hielt mich gewissermaßen für verwaist und fürchtete, daß meine Stellung in der Armee ohne meinen hohen Beschützer keinen festen Halt mehr haben würde. Die Anwesenheit meines lieben und sehr verehrten Freundes, des Oberrabbiners *Dr. Frankel* aus Dresden, trug zwar sehr viel zu meiner Beruhigung bei, allein seine mich besänftigenden Trostgründe, seine lehrreichen religiösen Ermahnungen konnten mich doch nur nach und nach wieder auf den rechten Weg führen.

Die Wahl, welche Se. Majestät der König in seiner Weisheit bei Besetzung der durch den Tod des Prinzen August offenen Stelle traf, war in jeder Hinsicht eine sehr glückliche. Se. Königliche Hoheit der *Prinz Wilhelm Adalbert von Preußen* wurde zum ersten Generalinspekteur der Artillerie ernannt, und wiewohl ich noch nicht das Glück hatte, von diesem so überaus liebenswürdigen, gerechten und nach jeder Richtung hin wissenschaftlich gebildeten und strebsamen Prinzen so gekannt zu sein wie es bei seinem erlauchten Vorgänger der Fall war, so bemächtigte sich meiner aber dessenungeachtet ein sehr wohltuendes Vorgefühl, als ich diese Ernennung erfuhr. Die Freude über die glückliche Wahl des Königs war aber schon deshalb um so größer, als ich befürchtete, daß der General von Bardeleben diese Stelle erhalten könnte, denn er war der älteste General in der Artillerie und dabei ein ausgezeichnet tüchtiger, ein in vielen Beziehungen sich zu diesem umfangreichen und wichtigen Posten sehr eignender General. Daß mich aber jenes freudige Vorgefühl, jene innere Stimme nicht getäuscht hatte, davon sollte ich bald einen für mich überaus wesentlichen Beleg erhalten.

Ich habe oben mitgeteilt, daß ich bei meiner im Jahre 1832 erfolgten Beförderung zum Hauptmann, auf Befehl des Königs, schwarze Epauletts, so wie sie von den Hauptleuten des Zeugwesens getragen wurden, anlegen mußte. Der Grund zu diesem Abzeichen sollte, wie bereits erwähnt, der sein, daß ich das Examen zum Hauptmann der Artillerie nicht gemacht hatte. Sowohl ich als meine Vorgesetzten und Kameraden wußten damals keinen andern Grund dafür anzugeben, weshalb ich mich vollkommen beruhigt fühlte und nichts anderes darin finden konnte und wollte. Allein mit der Zeit schien es, als wenn sich dieser Grund bei meinen Vorgesetzten und Kameraden verwischte und an dessen Stelle die Idee auftauchte und Wurzel faßte, daß der König mir als Juden dieses Abzeichen gegeben habe, um mich gewissermaßen von den andern Artillerieoffizieren zu unterscheiden. Ich hatte von dieser Ansicht in der Artillerie, die auch durch gar nichts begründet war, nicht die allermindeste Ahnung, sonst hätte ich gewiß beizeiten entschiedene Schritte dagegen getan. Mein Erstaunen war deshalb nicht gering, als ich zufällig vom Oberst von Hahn, dem damaligen Chef des Generalstabs der Artillerie, erfuhr, daß Se. K. H. der Prinz Adalbert sich veranlaßt gefunden habe, mir die roten Epauletts zu verschaffen, indem er es für unpassend, ja für unbillig hielte, mich noch ferner die schwarzen Epauletts gleichsam als ein Abzeichen tragen zu lassen. So unwesentlich mir bis jetzt die Farbe meiner Epauletts war und auch sein mußte, so überaus wichtig erschien es mir von diesem Augenblick an, sie mit den roten vertauschen zu können, sie kamen mir nun wie die gelben Lappen im Mittelalter vor, und bei dieser veränderten, mir bis jetzt unbewußten aber sehr nachteiligen und schädlichen Absicht hätte ich mit den schwarzen Epauletts nicht länger mehr mit Ehren in der Artillerie dienen, viel weniger bei der Schule als Lehrer der jungen Offiziere und Fähnriche bleiben können. Wie groß war demnach meine Freude, wie unendlich meine Dankbarkeit, als ich ohne das mindeste Hinzutun von meiner Seite von Sr. K. H. dem Prinzen Adalbert das nachstehende Schreiben des Kriegsministers vom 24. Januar 1844 und die Allerhöchste Kabinettsorder vom 16. Januar d. J. in Abschrift erhielt. Jedoch finde ich mich zur näheren Verständigung noch zu der Bemerkung veranlaßt, daß, wenn in diesem Schreiben von der »Artillerieuniform« die Rede ist, nur eben diese mehrfach erwähnten roten Epauletts darunter zu verstehen sind, weil meine bisherige Uniform sich nur durch dieselben von der gewöhnlichen Artillerieuniform unterschied. Eine Brigadenummer konnte ich deshalb nicht erhalten, weil ich bei der Artillerie- und Ingenieurschule stehe und keiner besonderen Brigade zugeteilt bin.

»An die Königliche Hohe Generalinspektion der Artillerie.

Infolge der geneigten Verwendung Einer Königl. Hohen Generalinspektion vom 2. d. M., betreffend den als Lehrer der vereinigten Artillerie- und Ingenieurschule angestellten Hauptmann Burg der Artillerie, habe ich Sr. Majestät dem Könige gern Vortrag gehalten und teile Wohlderselben zur gefälligen Kenntnisnahme und weiteren Bekanntmachung anbei Abschrift der Allerhöchsten Kabinettsorder vom 16. ejusdem ganz ergebenst mit, wodurch Se. Majestät dem usw. Burg die Erlaubnis zu erteilen geruht haben, die Artillerieuniform - ohne Brigadenummer auf den Epauletten - zu tragen.

Berlin, den 24. Januar 1844.

Der Kriegsminister
gez. v. Boyen.«

»Auf die Mir angetragene Verwendung der Generalinspektion der Artillerie will Ich dem als Lehrer der vereinigten Artillerie- und Ingenieurschule angestellten Hauptmann Burg von der Artillerie die Erlaubnis erteilen, die Artillerieuniform - ohne Brigadenummer auf den Epauletten - zu tragen.

Berlin, den 16. Januar 1844.

gez. Friedrich Wilhelm.

An das Kriegsministerium.«

Als ich mich beim Prinzen Adalbert meldete und meinen tiefgefühltesten Dank für diese mir erwiesene große Huld abstattete, reichte mir der so überaus liebenswürdige und hochherzige Prinz die Hand und sagte: »Es war mir sehr lieb, daß ich Ihnen diese Freude bereiten konnte, und es ist dieses eine Ihnen widerfahrene Unbill, die eigentlich schon längst hätte wieder gut gemacht werden müssen.« Der Prinz August, der mich über elf Jahre in den schwarzen Epauletten gesehen hatte, würde mir die roten wahrscheinlich nicht verschafft haben, weil er noch der früheren Ansicht über diesen Gegenstand war. Auch ich würde niemals darum gebeten haben, wenigstens so lange nicht, als mir die neuere Ansicht, welche sich hin und wieder, und zwar ganz von selbst geltend gemacht hatte, unbekannt blieb. Der Prinz Adalbert hingegen, dem es auffiel, und der auf seine desfallsige Anfrage wahrscheinlich diese neue Ansicht erfahren hatte, hielt es für seine Pflicht, mich von dieser Schmach aus Höchsteigenem Antriebe zu befreien und beim Könige und beim Kriegsminister sich für mich zu verwenden. –

Bevor ich in meiner Dienstgeschichte fortfahre, muß ich hier noch nachträglich eines Umstandes gedenken, der mir aufs neue bewies, wie sehr ich das Vertrauen meiner Untergebenen besaß und wie bei ihnen meine Religion niemals als ein Hindernis erschien oder einen Anstoß erregte.

Im Jahre 1842 befahl der König, daß bei jedem Truppenteil, nach der Wahl sämtlicher Offiziere desselben, ein Ehrenrat, bestehend aus einem Hauptmann als Vorsitzenden, einem Premier- und einem Sekondeleutnant, errichtet werden sollte. Die Funktionen dieses Ehrenrates bestanden darin, alle Streitigkeiten und Ehrensachen bei Hauptleuten und Leutnants (die Stabsoffiziere erhielten einen besonderen Ehrenrat) zu untersuchen, möglichst zu schlichten und beizulegen, und wenn eine Beilegung oder Ausgleichung des Streits nicht bewerkstelligt werden konnte, die vom Ehrenrate aufgenommenen Untersuchungsakten und Zeugenverhöre dem Ehrengericht zur weiteren Entscheidung und Begründung vorzulegen. Auch die Schule mußte infolge dieses königlichen Befehles einen solchen Ehrenrat wählen, und wiewohl ich keineswegs der einzige Hauptmann bei derselben war, so wurde ich dessenungeachtet mit Mehrheit der Stimmen zum Vorsitzenden des Ehrenrats gewählt, und hatte in dieser Stellung auch die freudige Genugtuung, manche Streitigkeiten unter den Offizieren der Schule gütlich zu beseitigen.

Im Jahre 1844 war ich mit der Bearbeitung der zweiten Ausgabe meiner »Geometrischen Zeichenkunst« fertig und arbeitete mit großem Fleiße an der zweiten Auflage meines Lehrbuches über das »Zeichnen und Aufnehmen des Artilleriematerials«, zu dessen Herausgabe ich erst, wie bereits bemerkt, nach manchen Kämpfen die Erlaubnis vom Kriegsminister erhielt. Die Manuskripte beider Werke mit den dazugehörigen Zeichnungen mußte ich der Generalinspektion überreichen, weil selbige von der Artillerieprüfungskommission vor dem Druck durchgesehen und begutachtet werden sollten. Unter dem 5. September d. J. erhielt ich die Manuskripte und die Zeichnungen mit folgendem Anschreiben Sr. K. H. des Prinzen Adalbert zurück:

»Es gereicht mir zum besondern Vergnügen, Ihnen bei Rücksendung des unter dem 5. Juli überreichten Manuskriptes der 2. Auflage des 2. Teils Ihres Werkes über geometrische Zeichenkunst meinen verbindlichsten Dank für die Mitteilung desselben auszudrücken und Ihnen in der Anlage abschriftlich die günstige Beurteilung der Artillerieprüfungskommission zu Ihrer Kenntnis zu überweisen. Ich habe in derselben sehr gern die Bestätigung gefunden, daß Sie in Ihren wissenschaftlichen Leistungen durch die Anwendung der Theorie auf das Artilleriezeichnen der Waffe anerkennenswerte Dienste leisten.*)

Berlin, den 5. September 1844.

gez. Adalbert, Prinz von Preußen.

An den Königlichen Hauptmann usw. Herrn Burg.«

---

*) Auch die Beurteilung des ersten Teils von seiten der Artillerieprüfungskommission war überaus günstig ausgefallen und wurde mir mit einem ebenso gnädigen Schreiben von der Generalinspektion der Artillerie überschickt.

Von Sr. K. H. dem Prinzen Adalbert erhielt ich die erbetene Erlaubnis, ihm die zweite Auflage beider Werke widmen zu dürfen.

Als das erste Werk fertig war, überreichte ich dem Prinzen ein für ihn bestimmtes Prachtexemplar und fügte noch ein zweites mit der Bitte hinzu, es Sr. Majestät dem Könige huldvoll zukommen zu lassen. Am 28. Januar 1845 wurde ich bei Sr. K. H. zur Tafel befohlen. Es war mir diese Einladung um so überraschender, als mir erst acht Tage vorher diese Ehre zuteil geworden war. Doch nach aufgehobener Tafel erfuhr ich den Grund dieser Auszeichnung. Der Prinz überreichte mir nämlich mit der ihm eigentümlichen huldvollen, man möchte sagen, treuherzig bezaubernden Miene die große goldene Medaille für Wissenschaft, welche Se. Majestät mir in Anerkennung meiner Leistungen Allergnädigst verliehen hatte. Außerdem aber hatte der so überaus liebenswürdige Prinz noch die besondere Gnade, mir eine Abschrift der Kabinettsorder mitzuteilen, welche also lautet:

»An den Königlichen Hauptmann usw. Herrn Burg.

Infolge meiner mündlichen Mitteilung übersende ich Ihnen umstehend eine Abschrift der Allerhöchsten Kabinettsorder vom 23. d. M., wodurch Ihnen die goldene Medaille für Wissenschaft Allergnädigst verliehen worden.

Berlin, den 30. Januar 1845.

gez. Wilhelm Adalbert, Prinz von Preußen.«

»Ich habe den mir von Ew. Königlichen Hoheit unterm 15. d. M. eingereichten 1. Teil der zweiten Auflage der vom Hauptmann Burg herausgegebenen ›Geometrischen Zeichenkunst‹ erhalten und will demselben dafür die beigehende goldene Medaille für Wissenschaft verleihen, welche

Ew. Königliche Hoheit ihm, unter Bezeugung Meiner Zufriedenheit mit seinem Streben, zustellen mögen.

Potsdam, den 23. Januar 1845. gez. Friedrich Wilhelm.

An des Prinzen Wilhelm Adalbert Königliche Hoheit.«

Am 15. Juli 1845 überschickte ich dem Prinzen Adalbert die zweite Auflage meines Lehrbuches über »das Zeichnen und Aufnehmen des Artilleriematerials« und fügte wiederum ein Exemplar für Se. Majestät den König mit der Bitte hinzu, selbiges Allerhöchstdemselben zu überreichen. Den 21. Juli und später am 3. Oktober 1845 erhielt ich vom Prinzen folgende beide Schreiben:

»Für das mir übersendete Exemplar der 2. Auflage Ihrer ›Anweisung zum Zeichnen und Aufnehmen des Artilleriematerials‹ kann ich Ihnen nur wiederholt meinen Dank ausdrücken und meine Teilnahme an der nunmehrigen Beendigung dieses verdienstlichen Werkes zu erkennen geben.

Berlin, den 21. Juli 1845.

gez. Wilhelm Adalbert, Prinz von Preußen.«

»Im Verfolg Ihrer Eingabe vom 15. Juli cr., womit Sie mir ein Exemplar der zweiten Auflage Ihrer ›Anweisung zum Zeichnen und Aufnehmen des Artilleriematerials‹ für Se. Majestät den König übersendet haben, gebe ich Ihnen auf Allerhöchsten Befehl unter Anerkennung Ihres nützlichen Strebens den Königlichen Dank zu erkennen.

Berlin, den 3. Oktober 1845.

gez. Wilhelm Adalbert, Prinz von Preußen.«

Ungeachtet dessen, daß mich meine schriftstellerischen Beschäftigungen viel Zeit kosteten, indem nicht nur das Schreiben der beiden Texte, sondern auch die Anfertigung der vielen zu beiden Werken gehörenden Zeichnungen meine ganze Muße in Anspruch nahmen und bei der gänzlichen Umarbeitung und Vervollständigung der Werke eine unausgesetzte geistige Tätigkeit erforderten, so war ich doch fortwährend bemüht, meine Dienstgeschäfte nicht zu vernachlässigen und namentlich den mir obliegenden Unterricht mit Eifer und mit Erfolg zu erteilen. Daß mir dieses mit Gottes Hilfe gelungen, das bewiesen mir die lobenden und anerkennenden Bemerkungen, welche ich auch in diesem Zeitraume alljährlich von der Generalinspektion des Militärunterrichtswesens der Armee und von der Allgemeinen Militärstudienkommission erhielt. Und so mag denn die folgende mir mitgeteilte Bemerkung vom Jahre 1845–46 als Beleg dazu dienen:

»Bemerkungen der Königl. Militärstudienkommission zum Bericht der Artillerie- und Ingenieurschule pro 1845–46:

Artilleriezeichnen und praktische Übungen im Aufnehmen von Geschützen usw., *2. und 3. Zötus.*

Die Studienkommission der Schule läßt dem großen Eifer und der Geschicklichkeit des vortrefflichen Lehrers, sowie den Erfolgen, welche derselbe durch seinen Unterricht in den obengenannten Lehrobjekten erzielt hat, volle Gerechtigkeit widerfahren, und auch die unterzeichnete Kommission ist veranlaßt, sich über diese Leistungen in lobender Anerkennung auszusprechen, nachdem sie mit Interesse von den eingereichten Arbeiten der Schüler Kenntnis genommen hat.

Berlin, den 15. Mai 1846.«

Ich war nun bereits 14 Jahre Hauptmann und rückte in meiner Reihenfolge immer näher zum Major. Je mehr die Anzahl meiner Vordermänner abnahm, je näher ich also rückte, je ängstlicher wurde ich über das mir bevorstehende Geschick, und wiewohl ich durch die unendlich große Fürsorge des allgütigen Gottes bis jetzt in meiner militärischen Laufbahn nicht aufgehalten worden, und wiewohl ich wußte, daß meine geringen Leistungen von meinen Vorgesetzten eine mich überschätzende Anerkennung gefunden hatten, so war ich dennoch nicht vollkommen versichert, ob auch der König, des herrschenden Vorurteils wegen, nicht Anstand nehmen würde, mich, als Juden, zum Stabsoffizier zu ernennen. Diese mich sehr beunruhigenden Gedanken, diese Zweifel bekümmerten mich nicht selten, ich fürchtete einen neuen und zwar sehr hartnäckigen Kampf, ich war des Sieges nicht gewiß, und mit jedem Avancement eines meiner Vordermänner, mit welchem ich mich als Christ, schon in Beziehung des hierdurch immer weiteren Vorrückens wegen, sehr gefreut hätte, wurde ich nun, als Jude, um so zaghafter, machte Pläne und gab sie wieder auf, baute Luftschlösser und riß sie wieder ein. Doch diese beunruhigenden Gedanken, diese Zweifel waren bei alledem niemals von langer Dauer, und so oft sie auch in mir aufstiegen, so wurden sie doch bald wieder von meinem unbedingten Vertrauen zu Gott bekämpft. Eine innere Stimme tröstete und stärkte mich, und mit Demut und Zuversicht erwartete ich die Dinge, die in kurzer Zeit kommen mußten.

Bei der Schule stand damals ein Hauptmann *Förster* von der Artillerie, welcher Lehrer der Artilleriewissenschaften an derselben war. Er besuchte vor vielen Jahren die Schule als Portepeefähnrich und nachmals als Leutnant, wurde in seiner Tour Hauptmann, jedoch später als ich, und zwar so, daß zwischen ihm und mir sich noch ungefähr 30 Hauptleute befanden. Nichtsdestoweniger wurde er im März 1846 zum Major befördert. Diese außergewöhnliche Beförderung überraschte und schmerzte mich sehr, und um so mehr, als Förster früher mein Schüler und mein Untergebener war, während er jetzt, da wir beide bei der Schule in den bisher innegehabten Stellungen blieben, mein Vorgesetzter werden sollte. Ich mußte daraus entnehmen, daß man nicht beabsichtigte, mich zum Major zu machen, und konnte mich natürlich über diese mir zugefügte Zurücksetzung nicht beruhigen. Um demnach in dieser für mich so höchst wichtigen Angelegenheit Gewißheit zu erhalten, ging ich zum Obersten von Hahn, Chef des Generalstabs der Artillerie, und stellte ihm meine Lage und wie sehr ich gekränkt sei, vor. Er suchte mich nun möglichst zu beruhigen und setzte mir die mich allerdings überzeugenden Gründe auseinander, die es im vorliegenden Falle notwendig machten, daß Förster jetzt, und also außer seiner Tour, zum Major ernannt worden wäre; hierzu kam noch, daß man auf seinen überaus geschwächten Gesundheitszustand eine billige Rücksicht nahm, indem er nach der Aussage des Arztes nur noch kurze Zeit leben könne. Der Oberst gab mir ferner die Versicherung, daß es der Wille des Prinzen sei, mich zum Major in Vorschlag zu bringen, sobald er, meiner Reihenfolge nach, dazu berechtigt sein würde, und daß die Genehmigung des Königs wohl zu hoffen sein dürfte. »Nur«, sagte er, »müssen Sie zufrieden sein, wenn Sie der Prinz in der Art in Vorschlag bringt, daß Sie den Charakter als Major erhalten, denn zum etatsmäßigen Stabsoffizier können Sie nicht in Vorschlag gebracht werden, so gern es auch von seiten der Generalinspektion geschehen würde, indem dieses den Etat der Schule, bei welcher Sie bleiben sollen und wollen, übersteigt, und ebensowenig kann es Ihr Wunsch sein, daß Sie jetzt noch zu einer Brigade versetzt würden.« Um hierüber keine bestimmte Antwort zu geben, machte ich eine stumme zusagende Bewegung und verließ das Bureau des Oberst getrösteter und beruhigter als ich es betreten hatte. Ich wollte ja nur in meiner Tour Major werden, der Kränkung der Zurücksetzung überhoben sein, und dazu hatte ich doch wenigstens die Aussicht erhalten.

Am 24. März 1847 war große Parade. Am Schluß derselben, so hieß es, sollte das diesjährige große Avancement in der Armee bekanntgemacht werden. Ich war im Laufe des Jahres so weit vorgerückt, daß ich meine Beförderung zum Major, im Fall des Königs Majestät darauf eingehen würden, wohl erwarten durfte; jedoch wußte ich nicht, ob ich auch von seiten der Generalinspektion in Vorschlag gebracht worden sei, indem dergleichen Vorschläge immer sehr geheim gehalten werden. Mit klopfendem Herzen ging ich zur Parade, war im Geiste aber ganz wo anders und ließ teilnahmslos und mit ganz andern Gedanken beschäftigt die herrlichen Truppen unserer vortrefflichen Armee an mir vorbeimarschieren. Nach der Parade sollte ja mein künftiges Geschick entschieden werden, es sollte sich herausstellen, ob der König mich zum Major ernannt oder, meiner Religion wegen, übergangen habe. Welche Gefühle mich während der ganzen Zeit dieser Parade beschäftigten, welche Gedanken, Hoffnungen und Befürchtungen mich abwechselnd bestürmten, bedarf wohl keiner Auseinandersetzung. - Ich stand an einem großen Wendepunkt meines dienstlichen Lebens und befand mich in einer allen diesen Gefühlen entsprechenden Aufregung. Endlich war der diesmal gar nicht enden wollende Vorbeimarsch beendet. Die Offiziere traten in einen Kreis zusammen, das große Avancement wurde verlesen, mein Name war nicht dabei. - Da aber auch kein anderer Offizier der Artillerie genannt worden und es allgemein hieß, daß das Avancement dieser Waffe erst nachträglich erscheinen würde, so schöpfte ich wieder freier Atem, wiewohl diese Verzögerung keineswegs dazu beitrug, meine Hoffnungen zu stärken oder meine Unruhe und meine Zweifel zu beseitigen. Des Abends von 5 bis 6 Uhr war an diesem Tage, wie allwöchentlich, ein wissenschaftlicher Vortrag in der Singakademie gehalten worden. Ich bin Mitglied dieses Vereins und traf zur bestimmten Zeit daselbst mit meinem Schwager, dem Professor und Akademiker *Riess,* und seiner Frau zusammen. Als wir nach Beendigung der Vorlesung nach Hause gingen, sah ich meinen Reitknecht mit großer Eile auf mich zugehen, und bald darauf mir ein beschriebenes Blatt überreichend, sagte er zu mir: »Mein Herr *Oberwachtmeister!* Ich habe die Ehre zu gratulieren! Soeben war der Adjutant des Prinzen Adalbert, Herr Major Baron v. d. Goltz, bei Ihnen, der, als er Sie nicht zu Hause traf, dieses aufschrieb und mir befahl, Sie sogleich aufzusuchen und Ihnen das Blatt einzuhändigen.« Ich las mit einer namenlosen Freude folgende Worte:

»Seine Königliche Hoheit der Prinz Adalbert haben mich beauftragt, Sie sofort zu benachrichtigen, daß Se. Majestät der König Ihnen mittels Allerhöchster Kabinettsorder von heute den Charakter als *Major der Artillerie* erteilt haben. Seine Königliche Hoheit lassen Ihnen zu diesem wohlverdienten Avancement Glück wünschen und gestatten Ihnen, sogleich die Stabsoffizierepauletts anzulegen. Sie werden auch als Major Ihre Stellung bei der vereinigten Artillerie- und Ingenieurschule beibehalten.

Berlin, den 27. März 1847.

gez. v. d. Goltz, Major und Adjutant.«

Soll ich es versuchen, meine Empfindungen zu beschreiben, welche diese in jenem Augenblicke ebenso unerwartete als glückliche Nachricht in mir erzeugte? Es wäre unnütz und überflüssig. Der sehnlichste meiner jetzigen Wünsche war ja in Erfüllung gegangen, ich war Major und war es ganz in meiner Tour geworden. In Begleitung meines Schwagers und seiner Frau kaufte ich mir sogleich die ersten Majorepauletts, schmückte mich damit und ging zu meinem guten, ehrwürdigen und mich sehr liebenden Schwiegervater. Der alte, 79jährige Mann war um so freudiger überrascht und um so glücklicher, als er meine Beförderung zum Major fortwährend in Zweifel zog. Den andern Tag meldete ich mich sogleich bei meinem hochverehrten Chef, dem Prinzen Adalbert K. H., und stattete demselben meinen tiefgefühltesten und innigsten Dank ab. Dieser vortreffliche Prinz empfing mich mit der ihm so ganz eigentümlichen, wohlwollenden Liebenswürdigkeit. Den 29. März wurden sämtliche beförderte Offiziere Sr. Majestät dem Könige im Schlosse zu Berlin vorgestellt. Er ging von einem zum andern, sprach mit jedem und fragte bei den meisten nach ihrem Namen. Als der König mit seiner so beglückenden, jede Befangenheit verscheuchenden Herablassung mit seiner alles bezaubernden Persönlichkeit zu mir herantrat und meinen alleruntertänigsten Dank entgegengenommen hatte, fragten Se. Majestät: »Wie lange stehen Sie bei der Artillerie- und Ingenieurschule?« – »Seit 1816, also 31 Jahre.« – »Sie haben in dieser langen Zeit der Schule gute Dienste geleistet, fahren Sie so fort – es war mir lieb, Sie zum Major befördern zu können.«

Als ich über das errungene Ziel froh und inniglich vergnügt in meine Wohnung zurückgekehrt war, dankte ich aus tiefstem Herzensgrunde inbrünstig dem allerbarmenden heiligen Gott für diese übergroße und unverdiente Gnade, und mit seiner ganzen Wahrheit stand der Ausspruch des Patriarchen Jakobs: »Ach ich bin viel zu geringe für alle die Gnade, für alle die Treue, die Du Deinem Knechte, erwiesen hast!« vor meiner, von unendlichem Dank erfüllten Seele. Ich ließ mein bisheriges Leben in der Erinnerung an mir vorüberziehen, und wie bei einer wandelnden Dekoration das Auge die vorbeieilenden Bilder mit Wohlgefallen betrachtet und die ihm besonders zusagenden Momente mit dem Blick festzuhalten strebt, so zogen alle Begebenheiten meines Lebens an meinem Geiste in ruhiger und geordneter Reihenfolge vorüber, und oft hielt ich die sich mir darbietenden Bilder fest, um mich je länger je mehr an ihrer Erinnerung zu ergötzen, sie in der Phantasie noch einmal flüchtig zu durchleben. Und fort und fort war mein Herz von der unaussprechlichsten Dankbarkeit gegen meinen himmlischen Vater, der mich so wunderbar geführt hat, erfüllt, und fort und fort mußte ich in tiefster Demut ausrufen: »Ach, ich bin viel zu geringe für alle Gnade, für alle Treue, die Du Deinem Knechte erwiesen hast!« Und sah ich denn nicht die *meisten* Bilder meiner Vergangenheit in dem schönsten und hellsten Lichte an mir vorüberziehen? Und wenn sie ja einmal in trüber Beleuchtung erschienen, wie schnell waren die dunklen Wolken verzogen, wie bald lächelte mir der Himmel wieder freundlich! – Ach, wenn ich bedenke, daß es jetzt gerade 34 Jahre sind, daß ich in Breslau, als ein aus dem Dienst entlassener Gardegrenadier, vor dem Major von Alvensleben stand und ihn vergebens bat, mich wieder aufnehmen zu wollen, und wenn ich bedenke, daß ich nun selbst Major bin und daß das mir damals als ein Unglück erschienene Ereignis gerade zu meinem Glück war, indem es mich veranlaßte, in die Artillerie zu treten, in die Waffe, die mir so teuer wurde, die meiner Persönlichkeit bei weitem mehr zusagt als jede andere, in der ich mich so glücklich fühlte, so nützlich wirken konnte; - wenn ich ferner die Fügungen und die Schikkungen meines *Privatlebens* bedenke, deren Mitteilung für die Geschichte meines Dienstlebens weder geeignet noch zweckentsprechend ist, wenn ich bedenke, wie wunderbar, wie überaus gnadenreich mich der heilige Gott in seiner Allgüte auch hier geschützt und geführt hat - wo soll ich da Worte hernehmen, die bezeichnend genug wären, meine Gefühle der Dankbarkeit auszudrücken? - Schon als Knabe hatte ich fortwährend den allerdings ganz unmotivierten Wunsch, ich möchte, wenn ich dereinst groß sein würde, ein Offizier oder ein öffentlicher Lehrer werden, und wiewohl ich, zum Jüngling herangewachsen, recht gut wußte, daß ich als Jude zu beidem und namentlich zu dem ersten damals gar keine Aussicht hätte, so konnte ich dessenungeachtet diesen Wunsch alsdann noch nicht unterdrücken. Und merkwürdig genug, *beide* Wünsche des Knaben gingen in Erfüllung, ich wurde Offizier und Lehrer an einer öffentlichen königlichen Anstalt. Außer dem, daß ich in den ersten Jahren meiner Dienstzeit wiederholt die Bitte ausgesprochen habe, mich an dem Kampf tätigen Anteil nehmen zu lassen, habe ich *niemals* einen mich betreffenden Wunsch geäußert, wiewohl ich deren manche hatte und überzeugt sein konnte, daß meine mir so wohlwollenden Vorgesetzten gewiß bereitwillig darauf eingegangen wären, wenn der von mir geäußerte Wunsch die Grenzen meiner Wirkungssphäre nicht überschritt. Ich tat es absichtlich nicht - ich wollte nicht unbescheiden, nicht zudringlich erscheinen. - Meine Beförderungen, meine Versetzungen und die mir zuteil gewordenen Begünstigungen kamen alle ohne irgend ein Zutun von meiner Seite. Ich wußte in der Regel vor der Kundgebung derselben nichts davon und wurde in den meisten Fällen von ihnen überrascht.

In der langen Dienstzeit habe ich niemals einen strengen Verweis, nie eine ernste Rüge erhalten, und außer einem vierundzwanzigstündigen Stubenarrest, der mir in Magdeburg als Unteroffizier zugeteilt wurde (weil ich eines heftigen Regens wegen zu spät zum Appell der Batterie kam), bin ich nicht ein einziges Mal bestraft worden. Alle diese Bilder, alle diese Erinnerungen aus meiner Kindheit, aus meinem Privat- und aus meinem Dienstleben ließ ich an mir vorüberziehen, verweilte tief in meinen Gedanken und meiner Seele bald bei diesem, bald bei jenem, sank endlich auf meine Knie und dankte mit tiefer Inbrunst und in Demut dem allbarmherzigen, heiligen Gott.

Der Empfang der Offiziere und der Portepeefähnriche, als ich zum ersten Mal als Stabsoffizier in den Hörsaal trat, um ihnen Unterricht zu erteilen, war für mich ebenso erhebend als erfreuend und zeigte mir, mit welcher wahrhaften Teilnahme und Herzlichkeit meine Schüler mir ergeben waren. Auf meine Dienstverhältnisse hatte übrigens diese Beförderung weiter keinen Einfluß. Ich setzte meinen Unterricht in der darstellenden Geometrie, im Artillerie-Konstruktionszeichnen und im Artilleriezeichnen ununterbrochen fort, so wie auch die von mir zu leitenden praktischen Übungen ihren ungestörten Fortgang hatten.

Im Sommer 1847 unternahm ich eine Vergnügungsreise nach Sachsen. In Dresden erhielt ich vom Kriegsminister die Erlaubnis, die dortigen Militäretablissements zu besuchen, und wurde unter anderem von dem Direktor des Dresdner Kadettenkorps und der Artillerieschule auf das zuvorkommendste empfangen. Er war Artillerist, kannte mich dem Namen nach aus meinen Schriften, führte mich an drei Stunden in der Anstalt umher, zeigte mir das Bemerkenswerteste und ließ in einigen Klassen die jungen Leute in meiner Gegenwart examinieren. Ich befand mich hier, zu meiner großen Freude, zum ersten Mal in einer Lage, in welcher ich so oft in Berlin fremde Offiziere gesehen hatte, wenn ich sie in der Artillerie- und Ingenieurschule auf höheren Befehl herumführen mußte.

Noch vor meiner Reise nach Dresden erhielt ich aus Paris die für mich sehr angenehme Nachricht, daß daselbst die zweite Auflage meiner »Geometrischen Zeichenkunst« ins Französische übersetzt worden sei. Ich ließ mir drei Exemplare dieser Übersetzung kommen und überschickte eins davon Sr. Königl. Hoheit dem Prinzen Adalbert, der auch die hohe Gnade hatte, dieses ganz untertänigste Geschenk von mir huldvoll anzunehmen. Ein anderes Exemplar überreichte ich dem General der Infanterie von Reiche als einen schwachen Beweis meiner großen Dankbarkeit. Vom Prinzen erhielt ich folgendes Antwortschreiben:

»An den Königlichen Major der Artillerie usw. Herrn Burg.

Für die mir überschickte Übersetzung der zweiten Auflage Ihres Werkes über das geometrische Zeichnen sage ich Ihnen meinen besten Dank, und freut es mich, daß auch das Ausland Ihren verdienstlichen wissenschaftlichen Leistungen eine derartige Anerkennung hat zuteil werden lassen.

Berlin, den 24. April 1847.

gez. W. Adalbert, Prinz von Preußen.«

Am 29. Januar 1848 erhielt ich von Sr. K. Hoheit dem Prinzen Adalbert einen neuen huldvollen Beweis seines mich so überaus beglückenden und hoch ehrenden Wohlwollens. Der Prinz hatte nämlich in den Jahren 1842 und 1843 eine Reise nach Brasilien unternommen, dabei Italien und Spanien sowie die afrikanische Nordküste besucht, und gab nun ein Tagebuch dieser Reise und ein dazu gehöriges, aus einigen hundert Zeichnungen bestehendes Album in Großfolio heraus. Es ist dieses Werk, an welchem er bis zum Jahre 1847 geschrieben und gezeichnet hatte, sowohl wegen des höchst interessanten und lehrreichen Inhalts, als auch wegen der prachtvollen Ausstattung und der vortrefflichen, meisterhaft ausgeführten Zeichnungen, als eine wahre und sehr schätzbare Bereicherung der Literatur zu betrachten und von Sachkennern höchst günstig beurteilt worden. Der Prinz hat es übrigens auf eigene Kosten herausgegeben und nur zu Geschenken bestimmt, weshalb auch nur 150 Exemplare des Albums und 300 Exemplare des Textes oder Tagebuches abgezogen worden sind. An dem genannten Tage also überschickte mir der Prinz ein Exemplar von beiden Werken in prachtvollen Einbänden, und begleitete dieses herrliche und kostbare Geschenk mit den huldreichsten Äußerungen.

Ach, es war dieses die letzte große Freude, die ich gehabt habe. – Der unheilvolle, unglückselige 18. *März des Jahres* 1848 brach an. – Es ist hier nicht der Ort, die Ereignisse dieser beklagenswerten Zeit und die traurigen Begebenheiten derselben zu beschreiben. Ich behalte mir vielmehr vor, so der liebe Gott es will, in einer besonderen Schrift diese und meine Gedanken und Ansichten hierüber mitzuteilen. –

In der Einleitung zur vorliegenden *Geschichte meines Dienstlebens* habe ich die Gründe möglichst vollständig angegeben, welche mich zur Abfassung derselben veranlaßten. Wenn nun gleich die Stellung der Juden in unserm

Vaterlande, Gott sei Lob, jetzt eine andere ist, als es damals der Fall war; wenn die so sehnlich von ihnen erwünschte Emanizipation jetzt zu einer Wahrheit geworden ist, es also demnach scheint, als wenn der eine Teil der mich bewegenden Gründe beseitigt, mithin die desfallsigen Mitteilungen, Fingerzeige und Ermutigungen als überflüssig zu betrachten wären, so kann ich dieser Ansicht, so wie die Sachen heute stehen, *nicht unbedingt beistimmen.* Denn ungeachtet der jetzigen Gleichstellung wird der sich dem Staatsdienst widmende jüdische Jüngling noch manchen Kampf zu bestehen haben, manche Hindernisse mit Klugheit, Besonnenheit und möglichst kaltem Blut überwinden müssen, indem sich das leider noch hin und wieder zeigende Vorurteil doch nicht mit einem Male und urplötzlich beseitigen läßt. Er wird deshalb auch fortan auf sein ganzes Benehmen, auf sein Tun und Lassen, auf seine ganze persönliche Erscheinung noch fortwährend sehr acht geben müssen, sich vorsichtig vor Übergriffen und Überschätzungen zu hüten haben, seine Handlungen, seine Sprache und Gebärden einer strengen und unparteiischen Kritik unterwerfen, sich anerkannt tüchtige Vorbilder zur Nacheiferung wählen, und überhaupt mit einer um so *größeren Bescheidenheit* und Nachsicht auftreten müssen, als ihm jetzt vom Staat das Recht zu fordern gewissermaßen eingeräumt worden ist. Dieses stete Auf-sich-acht-geben, diese Vorsicht, diese fortwährende Aufmerksamkeit auf sich selbst, ist indessen nur in der ersten Zeit unbequem, vielleicht beschwerlich, aber sie ist *unerläßlich* und führt auf dem *geraden Wege* zum erwünschten Ziel; dabei ist sie zugleich in Hinsicht der äußeren Bildung und Erscheinung von unschätzbarem Erfolg. Diese stete Aufmerksamkeit auf sich selbst wird aber nach einer nicht allzu langen Praktik zur Gewohnheit, und man befindet sich zuletzt in der Ausübung derselben, ohne weiter daran zu denken, ohne sich irgendwie Rechenschaft davon zu geben. Durch das Sich-zu-eigen-machen der hier aufgestellten Forderungen wird und muß nachgerade das manchmal wohlbegründete Vorurteil schwinden und die schöne Zeit der *Anerkennung* und der *Gleichheit* eintreten. -

Hiermit beschließe ich denn die *Geschichte meines Dienstlebens,* welche ich in dem Zeitraume vom 23. Juli 1847 bis heute, den 18. März 1849, bald in längeren, bald in kürzeren Pausen, nach Maßgabe meiner Muße, niedergeschrieben habe. Ich behalte mir aber vor, daß, wenn der allbarmherzige Gott mir mein Leben verlängert und Ereignisse eintreten sollten, die sich für dieselbe eignen, diese Ereignisse in geordneter Reihenfolge noch hinzuzufügen.

Über den Zweck, welcher mich zur Abfassung dieser Blätter veranlaßte, habe ich in der Einleitung das Nötige gesagt. Das mir vorgesteckte Ziel fest im Auge behaltend, habe ich alle Ereignisse und Begebenheiten, wie sie sich im praktischen Dienstleben so häufig und mannigfaltig dem ausübenden Manne darbieten, ganz unerwähnt gelassen und *nur* diejenigen aufgenommen, welche zu meinen dienstlichen Stellungen in näheren Beziehungen standen oder für meine Laufbahn von Einfluß waren. Jedoch finde ich beim Durchlesen, daß ich mich bei manchen Mitteilungen vielleicht zu lange aufgehalten habe, während andere zu kurz behandelt worden sind, ja daß sogar manches anders gegeben werden könnte, als es der Fall ist. Ich bitte deshalb den freundlichen Leser um gütige Nachsicht, zumal wenn seinen gehegten Erwartungen nicht entsprochen worden ist.

Zur Zeit, wo diese Blätter in den Händen derjenigen sein werden, für die sie bestimmt sind oder die irgendwie ein Interesse an der Geschichte meines Dienstlebens nehmen, ruht mein Körper in kühler Erde.

Nachträge.

Den 22. April 1849.

Im Jahre 1848 erschien eine französische Übersetzung der Fortsetzung meines Werkes, des Lehrbuches über »das Zeichnen und Aufnehmen des Artilleriematerials«. Der Prinz Adalbert K. H. war damals in Frankfurt a. M. in Sachen der deutschen Marine beschäftigt, wo er sich mehrere Monate aufhalten mußte. Alsdann starb sein Bruder, der Prinz Waldemar K. H., und so war ich auch jetzt verhindert, ihm bei seiner Ankunft in Berlin eins von den drei Exemplaren, die ich mir aus Paris kommen ließ, zu überreichen. Als ich ihn für so weit getröstet hielt, daß ich es wagen konnte, ihn mit dieser Privatangelegenheit nicht unzart zu stören, wurde der Prinz krank, und so mußte ich bis zum 19. April 1849 warten, an welchem Tage ich ihm ein Exemplar dieser französischen Uebersetzung, Text und Atlas, mit einem darauf bezüglichen Schreiben übersendete. Ich erhielt hierauf folgendes mich sehr erhebende Schreiben:

»Ich habe durch die Zusendung Ihres ins Französische übersetzten, so reich ausgestatteten Lehrbuches über ›das Zeichnen und Aufnehmen des Artilleriematerials‹ wiederholt einen Beweis Ihrer steten Aufmerksamkeit und Güte für mich empfangen, für den ich Ihnen hiermit nur meinen ganz besonderen und herzlichsten Dank erneuern kann. Es erfreut mich recht, daß Ihnen durch diese Uebersetzung auch bei der französischen Artillerie eine würdige Anerkennung der Vortrefflichkeit Ihrer Arbeit zuteil geworden ist, welche mit dazu beigetragen hat, Sie uns so wert- und verdienstvoll zu machen.

Berlin, den 20. April 1849.

W. Adalbert, Prinz von Preußen.

An den Königl. Major der Artillerie, Herrn Burg.«

Den Tag vorher inspizierte der Prinz, als jetziger erster Kurator, die Artillerie- und Ingenieurschule und gab mir in den anerkennendsten und ehrenvollsten Aeußerungen seine Zufriedenheit sowohl über die Leistungen der Schüler im Artilleriezeichnen, als auch über meinen Vortrag über die Artillerie-Konstruktionslehre zu erkennen.

Den 11. September 1849.

Am 13. Juni d. J. erhielt ich ein Schreiben vom Direktor der Artillerieschule, Oberst *Wittich,* in welchem er mich aufforderte, ihn mit Material zur Bearbeitung einer Geschichte der Königlichen Artillerie- und Ingenieurschule zu unterstützen. Ich weiß nicht, welchen Zweck der Oberst hierbei hat, ob er nämlich aus eigenem Antriebe diese Geschichte schreiben will oder ob er dienstlich dazu veranlaßt worden ist. In dem genannten Schreiben sagt der Oberst unter anderem:

»Die langdauernden Stellungen, die Ew. Hochwohlgeboren zu dieser Anstalt haben, und namentlich die einflußreiche Tätigkeit, die Sie derselben als Lehrer und früher als Aufseher widmeten, machen es für den Unterzeichneten wichtig, von denjenigen Notizen, die Sie vielleicht in dieser Hinsicht gesammelt haben, Gebrauch machen zu dürfen.

Sollten Ew. Hochwohlgeboren eine kurze Darstellung der eigenen Wirksamkeit geben, so würde dies für den Unterzeichneten ein sehr wertvolles Material liefern.« Am Schluß des Briefes wird auch der Wunsch ausgesprochen, eine Geschichte der Fortbildung des Unterrichts im Artilleriezeichnen zu erhalten.

Dieser mir gewordene Auftrag war mir in manchen Beziehungen sehr lieb und namentlich deshalb, weil er mir eine dienstliche Veranlassung gab, die Geschichte des Unterrichts im Artilleriezeichnen zu schreiben und durch Belege zu dokumentieren, daß es mir beschieden war, in der preußischen Artillerie das richtige, auf feste und mathematische Lehrsätze gegründete Zeichnen einzuführen und in diesem für die artilleristische Ausbildung so höchst wichtigen Gegenstande eine neue Methode zur Geltung zu bringen. Diese Anerkennung wurde mir zwar in den ersten Jahren des Bestehens der Schule in reichem und vollem Maße zuteil. Allein mein erlauchter Chef, der Prinz August, war tot, und die meisten der älteren Offiziere, welche das ganze Sachverhältnis genau kannten, waren teils gestorben, teils nicht mehr im Dienst, mein Unterricht, so wie ich ihn erteilte und eingeführt hatte, war ein fait accompli, und der Schöpfer desselben wird, wenn auch die noch lebenden und noch dienenden Artillerieoffiziere abgegangen sind, mit der Zeit dem Vergessen verfallen. Die Akten, welche alles bekunden können, liest niemand, in meinen Büchern ist nichts davon enthalten, und meine Akten, meinen Briefwechsel über diesen Gegenstand – welcher Offizier der Artillerie wird am Durchlesen derselben ein besonderes Interesse haben? Es war mir also die Aufforderung sehr erwünscht, und nach Beendigung meiner praktischen Uebungen, gegen das Ende des Monats Juli 1849, machte ich mich an die Bearbeitung und schrieb zwei ziemlich lange und vollständige Abhandlungen. Die eine enthielt die Geschichte der Schule, in welcher ich, dem Wunsche des Obersten gemäß, auch meine Wirksamkeit im allgemeinen mitteilte. Die andere aber war die Geschichte meines Unterrichts und meines Kampfes, welchen ich nämlich im Jahre 1816 über die Genehmigung zur Einführung desselben zu bestehen hatte. Am 7. September überschickte ich beide Schriftstücke mit einem entsprechenden Anschreiben dem Obersten. Am 9. September sagte mir der Oberst Wittich auf der Parade, daß er den Inhalt mit großem Interesse lese, daß er noch nicht zu Ende sei, daß er mir aber schon jetzt seinen verbindlichsten Dank aussprechen müsse über dasjenige, was er bis jetzt gelesen habe, indem es ihm bei seinem Vorhaben von großem Nutzen sein würde. Die Geschichte meines Unterrichts hatte er noch gar nicht angefangen. Zugleich teilte er mir mit, daß er auch den jetzigen General a. D. Plümicke, welcher früher lange Zeit Lehrer und alsdann Direktor der Schule war, und der jetzt in Breslau wohnt, ebenfalls um eine Geschichte der Schule gebeten und dieselbe bereits erhalten und durchgelesen habe. Diese vom General Plümicke verfaßte Geschichte der Schule ist zwar nicht so umfangreich wie die meinige, aber insofern von besonderem Interesse, als sie hauptsächlich und vorzugsweise eine Charakteristik der bei derselben beteiligten Personen, Direktoren, Lehrer, Aufseher usw. enthielt. Auf Seite 14 dieser Geschichte des Generals Plümicke äußert er sich über mich in folgender Weise:

»Vom damaligen Leutnant Burg brauche ich hier nicht weiter zu sprechen. Dieser höchst achtbare, wahrhaft edle Mensch, dieser treue Kamerad und unermüdlich fleißige

Lehrer hat seit dem Beginn der Schule bis jetzt unendlich viel Nutzen gestiftet. Man kann mit Recht sagen, daß er das Artilleriezeichnen ganz neu geschaffen und vom Handwerke zur Kunst umgestaltet hat. Auch als Bibliothekar hat er lange Jahre hindurch mit treuem Eifer fungiert.«

Daß mir diese ehrenhafte Anerkennung von einem im Artilleriekorps hochgeachteten und verdienstvollen General, von meinem Vorgesetzten und Direktor, welchen zuletzt genannten Posten er zehn Jahre, von 1832–1842, verwaltete, in vielen Beziehungen unendlich lieb war, bedarf wohl weder einer Auseinandersetzung, noch einer Versicherung.

Den 6. Dezember 1850.

Seit dem Jahre 1820 besteht hier in Berlin eine mit Genehmigung Sr. Majestät des Königs gestiftete Pensionszuschußkasse für invalide Offiziere der Königl. Preuß. Artillerie. Die Vorsteherschaft derselben besteht aus einem Stabsoffizier als Präses, 2 Hauptleuten und 3 Leutnants.

Infolge der politischen Ereignisse wurde auf einen Befehl des Königs vom 6. November cr. die ganze preußische Armee mobil gemacht. Der zeitige Präses der Pensionszuschußkasse (mit welcher zugleich eine Unterstützungskasse für invalide Offiziere der Artillerie und deren Witwen verbunden ist), nämlich der Major von Podewils vom Gardeartillerieregiment, mußte sowohl der vielen Geschäfte, welche die Mobilmachung verursachte, als auch eines bevorstehenden Ausmarsches wegen von dem Posten der Verwaltung der Kasse entbunden werden, und so fand sich Seine Königliche Hoheit der Prinz Adalbert bewogen, mir dieses Amt zu übertragen und mich hiervon durch das folgende Schreiben in Kenntnis zu setzen:

»Da unter den jetzigen Verhältnissen sowohl der Präses als auch die Mitglieder der Vorsteherschaft der Artillerieoffizierpensionszuschußkasse durch solche Offiziere ersetzt werden müssen, von denen ein längeres Verbleiben am hiesigen Orte zu erwarten steht, so habe ich mich bewogen gefunden, Sie zum Präses dieser Vorsteherschaft zu ernennen.

Indem ich Sie hiervon benachrichtige, ersuche ich Sie, wegen Uebernahme der betreffenden Funktionen usw. mit dem Major von Podewils in Verbindung zu treten.

Berlin, den 2. Dezember 1850.

gez. W. Adalbert Prinz von Preußen.

An den Königlichen Major der Artillerie Herrn Burg.«

Den 6. Juli 1852.

In dem verhängnisvollen Jahre 1848, in welchem so viel Unheil über unser Vaterland gebracht worden, blieb die Armee ihrem Eide, ihrem Könige und Kriegsherrn treu, hielt fest und unverbrüchlich an ihrer Pflicht, an dem hohen Haus der Hohenzollern in Not und Tod, wie schlau, fein und lockend auch die Verführungskünste alle waren, welche angewendet worden, um sie in ihrer ehrenhaften Festigkeit, in ihrem Pflichtgefühle zu erschüttern. Als Anerkennung befahl der König unter dem 23. August 1851, daß sämtliche Soldaten, Offiziere, Unteroffiziere und Gemeine, welche vom 1. März 1848 bis zum 1. März 1849 in der Armee gedient hätten, eine Denkmünze aus Stückgut mit dem eingeprägten hohenzollernschen Orden und Inschrift erhalten und an einem weiß und schwarzen Bande fortan tragen sollten.

Daß auch mir eine solche Denkmünze zuteil werden würde, verstand sich von selbst, und ich würde deshalb diesen Umstand auch hier gewiß nicht weiter erwähnen, wenn die Art und Weise, wie sie mir zugeteilt worden, mich nicht besonders hierzu veranlaßt hätte.

Am 19. Mai war hier in Berlin eine große Parade; der Kaiser von Rußland war gegenwärtig, und der König wollte, daß die Mannschaften der an der Parade teilnehmenden Truppen, der Garde und der Linie, an diesem Tage mit der Denkmünze geschmückt erscheinen sollten, insofern sie nämlich hierzu berechtigt wären. Die andern sich noch im Dienst befindenden Krieger der Linie und der Landwehr sowie die bereits nicht mehr in Reihe und Glied stehenden sollten die Denkmünze später, je nachdem die erforderliche Anzahl fertig sein würde, erhalten.

Ich beabsichtigte, in der ersten Hälfte des Monats Juli eine Reise nach Putbus zu unternehmen, um während vier Wochen das dortige Seebad zu gebrauchen, und erhielt hierzu den erbetenen Urlaub. Da ich aber äußerlich vernommen hatte, daß Se. Majestät der König eine Zeitlang in Putbus sein würden, ich demnach für vorkommende Fälle auch eine Uniform mitnehmen wollte, so bat ich einen der Herren Adjutanten der Generalinspektion der Artillerie, mir die hohenzollernsche Denkmünze noch vor meiner Abreise verschaffen zu wollen. Dessenungeachtet vergingen mehrere Wochen, ohne daß sie mir zugestellt worden, und ich war bereits auch völlig damit einverstanden, dieselbe erst alsdann zu erhalten, wenn sie den anderen Offizieren der Linienartillerie eingehändigt würde. Heute jedoch kommen die drei Adjutanten der Generalinspektion, der Artillerie, der Herr Major *von Uechtritz* und die Hauptleute *Graberg* und *von Krävel* zu mir und überreichen mir selbst die eben bei der Generalinspektion für mich eingegangene Denkmünze. Diese wenigstens für jetzt so ganz unerwartete Empfangnahme der Denkmünze verursachte mir aber eine um so größere Freude, als ich aufs neue klar und deutlich daraus entnehmen konnte, wie wohlwollend und liebevoll diese von mir so hochverehrten Herren gegen mich gesinnt sind und welcher großen Zuneigung ich mich zu erfreuen habe. Ich dankte herzlich für diesen mich so ehrenden Beweis ihrer Freundschaft, für diese Aufmerksamkeit, und gab ihnen die Versicherung, daß ich dieselbe gewiß in ihrem ganzen Umfange zu schätzen und zu würdigen wüßte. – Damals dankte Ihnen der lebende Freund, und heute werden Sie gewiß (davon bin ich fest überzeugt) den Dank Ihres Ihnen vorangegangenen toten Freundes in treuer Erinnerung gern entgegen nehmen – mein teurer, lieber Uechtritz, mein teurer, lieber Graberg! –

Den 8. Mai 1853.

Wenn ich alle die vielen Beweise von Wohlwollen und Zuneigung hier aufführen wollte, mit welchen ich von hohen Offizieren, namentlich von meiner Waffe, in der langen Zeit, in welcher ich in derselben diente, beehrt worden bin, so würde eine Aufzählung derselben den freundlichen Leser bei allem Interesse, welches er für den verstorbenen Verfasser auch haben möge, gewiß nur ermüden, wie teuer und unvergeßlich alle diese Beweise auch für *mich* sind und wie sehr ich mich ihrer stets mit dankerfülltem Herzen erinnere. Nur eine Äußerung kann ich nicht unerwähnt lassen, einmal, weil sie von einem Manne ausgesprochen wurde, den ich so überaus *hochverehre,* der durch die so oftmals mir bewiesene Zuneigung und Teilnahme mich zu einer nie versiegenden Dankbarkeit verpflichtete, und zweitens, weil meine jungen Glaubensgenossen, zu deren Ermutigung ich diese Geschichte meines Dienstlebens vorzugsweise geschrieben habe, aus dieser Äußerung zugleich entnehmen werden, daß das sie beunruhigende Vorurteil oftmals ganz bedeutungslos ist und sogar gänzlich beseitigt werden kann.

Am 15. März d. J. hatte ich eine Abendgesellschaft bei mir versammelt, zu welcher mich auch der Herr Generalmajor *von Puttkammer,* Inspekteur der zweiten Artillerieinspektion, mit seiner Gegenwart beehrte. Bei der Tafel sagte nun der Herr General gelegentlich laut und vernehmlich, so daß es die ganze Gesellschaft hörte: »Ja wahrlich, Burg ist der einzige Mensch, den ich kenne, der keinen Feind hat.« Wenn ich nun gleich dieser mich so hoch erfreuenden Äußerung des Herrn Generals auch von Herzen gern zustimmen möchte, bei den vielen Berührungspunkten in meinen Dienstverhältnissen, bei der langen Dienstzeit und den mir eigenen Fehlern mich mit dem beglückenden Gedanken, keinen Feind zu haben, aber nicht vertraut machen kann, so war doch diese überaus liebevolle Äußerung des Herrn Generals unendlich wohltuend für mich und insofern von hoher Bedeutung, als bei den mannigfaltigen Dienstverhältnissen, in welchen sich derselbe stets bewegte, er gewiß vielmals veranlaßt wurde und Gelegenheit erhielt, über mich zu sprechen und mich betreffende Urteile von verschiedenen Seiten entgegenzunehmen. Von welch' hoher Bedeutung aber diese wenigen Worte für mich sein, welchen tiefen Eindruck sie auf mich machen mußten, wird jeder denkende und gefühlvolle Mensch sich wohl selbst leicht sagen können, ohne daß ich nötig habe, die umfassende Bedeutung derselben in Beziehung auf meine Religion und meine Stellung auseinander zu setzen.

Noch vor ganz kurzer Zeit hat der Herr General v. Puttkammer, und zwar ganz unaufgefordert von meiner Seite, mir einen neuen Beweis seines mich so sehr ehrenden und wahrhaft beglückenden Wohlwollens gegeben. So es der liebe Gott will, werde ich im Verfolg meiner Geschichte vielleicht wieder auf diesen Gegenstand zurückkommen.

Wenn Sie, mein teurer Herr General, diese Zeilen lesen, ach, so gedenken Sie Ihres ewig dankbaren, Ihres alten, treuen und Sie überaus hochverehrenden Freundes mit dem liebevollen Wohlwollen, mit welchem Sie denselben im Leben so oft beehrten und so hoch erfreuten. Ihr anerkannt vortreffliches Herz ist mir ein sicherer Bürge für die Gewährung dieser meiner letzten Bitte.

***

Drei und einen halben Monat später, als die letzte Mitteilung, welche der verehrte Leser in der vorhergehenden Autobiographie findet, niedergeschrieben war, starb plötzlich, in der Fülle der Kraft und Gesundheit, als eines der ersten Opfer der eben ausgebrochenen Cholera, der leider so früh dahingegangene Verfasser derselben am Freitag Mittag, den 26. August 1853.

Der geneigte Leser, der so wohlwollend und freundlich bis hierher den Verfasser begleitete, gestatte den Herausgebern dieser Denkschrift, Freunden und Verwandten des teuren Toten, ihn bis zu dem Momente zu begleiten, wo sie vereint eine Hand voll Erde, still und ernst, ein letztes Liebeszeichen, das Grab segnend, decken.

Am Dienstag Abend, den 23. August, kehrte Burg von einer Badereise aus Putbus, wohin er seit mehreren Jahren zur Stärkung seiner Gesundheit zu gehen pflegte, nach einem mehrwöchentlichen Aufenthalte zurück und fühlte sich, nach eigener Äußerung, so wohl und gestärkt, daß er wiederholt sagte, so gute Wirkung hätte das Seebad nie geäußert wie eben in diesem Jahre. Über seinen Aufenthalt in Putbus selbst sind wir wenig zu berichten imstande, da eben die ausführlichere Erzählung dem Abende des folgenden Tages vorbehalten, an welchem die Hoffnung auf Genesung bereits verschwunden war. Wir haben nur erfahren, daß Se. Majestät der König ihn dort zu wiederholten Malen durch huldvolle Äußerungen auszuzeichnen geruhten und Burg somit die Genugtuung hatte, auch noch in den letzten Tagen seines Lebens gnädige Anerkennung bei seinem Könige und Herrn zu finden, das Ideal seines Strebens und seiner Wünsche. –

Die Beschreibung der schmerzvollen Stunden seiner Krankheit wird uns der geneigte Leser wohl gern erlassen;

doch eines Momentes müssen wir erwähnen, der auf eine großartige Weise die ihn umstehenden Freunde ergriff, nämlich des ungetrübten, bis zum letzten Lebenshauch in voller Frische und Blüte kräftigen Gottvertrauens, der Freude, des lauten, jauchzenden Jubels, zu seinem Gotte heimzukehren, eines Jubels, wie ihn in der ernstesten Stunde des Lebens nur das Bewußtsein treuer Pflichterfüllung zu geben vermag. Die Kunde des Todes des allgemein gekannten und beliebten Mannes erfüllte die verschiedensten Kreise der Stadt mit Schreck und Trauer, und das am Montag, den 29. August, stattgefundene Leichenbegräbnis gab lautes Zeugnis von dieser allgemeinen Verehrung und Liebe. Aber wahrhaft rührend und erhebend war die schmerzlich-feierliche Teilnahme, welche Vorgesetzte und Kameraden dem dahingegangenen Waffenbruder auf dem letzten Wege zollten. In einer durchweg nur von dem Schmerz des Augenblicks getragenen Rede feierte der Freund des Verstorbenen Herr Rabbiner Dr. *Sachs* das Andenken des Toten; er bezeichnete in charakteristischer Weise als die Haupttugend des vorzüglichen Mannes die *Treue* und zeigte in einer alle Zuhörer tief erschütternden Rede, wie sie alle seine Handlungen harmonisch beseelte.

Wir würden hier, den tröstenden Schmerz in der Seele, den freundlichen Leser gern verlassen, doch glauben wir noch einige Worte über das Erscheinen der vorstehenden Denkschrift hinzufügen zu müssen. Das Manuskript war uns bereits bekannt, ebenso der Wunsch seiner Veröffentlichung; doch die leider so frühe Erfüllung desselben nicht ahnend, hatte nie eine eigentliche über manche Punkte derselben vielleicht notwendige Besprechung stattgefunden, so daß die unter den nachgelassenen Papieren befindliche

Schrift, begleitet mit dem Wunsche der Herausgabe unsererseits, unverändert bis auf einige unwesentliche Formänderungen, der Oeffentlichkeit übergeben worden ist.

* * *

Glossar.

Armaturstücke: Ausrüstungsteile des Soldaten.

Artillerie: Die militärischen Bereiche, die mit Geschützen aller Art ausgestattet sind. Zu M. Burgs Zeiten unterschied man zwischen Feld-Artillerie (Feld-Kanonen, -Haubitzen etc.) und Fuß-Artillerie (Festungs-Geschütze u. ä.).

Artillerie- und Ingenieurschule: In Berlin am 12. 11. 1816 gegründete königliche Stiftung im Gießhaus. Erster Direktor war Generalmajor von Strampff. Am 10. 10. 1823 Umzug in das neugebaute Schulhaus Unter den Linden.

A. Z. d. J.: Allgemeine Zeitung des Judentums.

Bastion Königin: Die südöstliche der vier Bastionen der Spandauer Zitadelle.

Batterie: Zusammenstellung von Geschützen zu einem bestimmten taktischen Zweck; speziell die kleinste taktische Einheit (meist sechs Geschütze) der Feldartillerie.

Bombardier: In der preußischen Artillerie im Anfang des 19. Jahrhunderts ein Dienstgrad zwischen Gemeinem und Unteroffizier.

Brigade: Großverband des Heeres. Eine Artilleriebrigade umfaßt 2 bis 4 Artillerieregimenter; wird geleitet von einem Brigadekommandeur.

Charge: Bezeichnet beim Militär Rang und Dienststellung, nämlich Offiziers- und Unteroffizierscharge, deren jede mehrere Unterabteilungen hat.

ejusdem: (hier) desselben Monats.

Faschinen: Reisigbündel, zur Herstellung von Böschungen, Uferschutzwerken, Befestigung von Baugrund etc.

Feldmesser: Führt die Ausmessung von Bodenflächen durch; er wird staatlich geprüft in Mathematik, Felderteilungslehre, Feldmeßkunst, Nivellierkunst.

Feuerwerkerei: Die militärische Feuerwerkerei umfaßt Anfertigung und Aufbewahrung der Munition, Zündungen, Raketen u. ä. Der Oberfeuerwerker entspricht im Rang dem Feldwebel.

Fortifikation: Befestigungskunst, Kriegsbaukunst.

Gardekorps: Stand in Berlin und Umgebung. Zu ihm gehörte das Regiment der Garde du Corps; wurde 1919 aufgelöst.

Gießhaus: 1705 nach Entwurf von Andreas Schlüter in Berlin erbaut.

Grenadier: Einfacher Soldat bestimmter Infanterieregimenter, besonders der Garde. Die hohen Tuchmützen der Grenadiere waren in Preußen mit Blech beschlagen.

Haubitze: Auf einer Räderlafette liegendes glattes Wurfgeschütz, dessen Rohr, 6–8 Kaliber lang, in der Länge zwischen Kanone und Mörser stand.

Hoboisten: eigentlich Oboenbläser. Bezeichnung der Musiker bei den Infanterie-Regimentern.

influieren: beeinflussen.

Ingenieur: Im Heer ein Pionieroffizier, der die ständigen Befestigungen leitet und überwacht.

Inkonvenienz: Übel- oder Mißstand, Unschicklichkeit.

Kantonnement (oder Kantonierung): Vorübergehende Einquartierung von Soldaten in bewohnten Orten bei besonderen Anlässen.

Kapitän: In Deutschland der Führer einer Kompanie, später soviel wie Hauptmann.

Klepper: Zum Dienst bei der Truppe ungeeignetes Pferd, häufig als Dienstpferd für Beamte und andere Nichtkombattanten.

Kondukteur: Aufseher über Vermessungen und Bauten.

Laboratorium: Beim Militär die Anstalt, die Munition u. ä. herstellt; gehört zu den Artilleriedepots, geleitet vom Feuerwerksoffizier.

Major: In den meisten Heeren die unterste Stabsoffizierscharge. Ursprüngliche deutsche Bezeichnung: Oberstwachtmeister.

Märzrevolution: 18. März 1848. Infolge der bürgerlichen Revolution in Deutschland kam es zu Barrikadenkämpfen in Berlin. Die 187 Toten hießen »Märzgefallene«.

National (eigtl.: Nationale): Nachweis der persönlichen Daten wie Namen, Alter, Gewerbe etc. Das Nationale aller zu einem Truppenteil gehörigen Personen wird in eine Stammrolle eingetragen.

Negligé: hier etwa: nachlässige Bekleidung.

Neiße: Stadt und Festung im preußischen Regierungsbezirk Oppeln (heute Polen).

Nivellement: Vermessung der Höhen auf geometrischem Wege.

Parole: hier: Die oft mit dem Aufziehen der Wache verbundene Versammlung aller Offiziere und Unteroffiziere einer Garnison.

Piket (oder Pikett): Truppenabteilung zur Unterstützung von Feldwachen oder Vorposten, besonders im Festungskrieg.

Polygon: In der Befestigungskunst das Vieleck, das der Richtung der Hauptumwallung der Festung zugrunde liegt.

Portepee (auch Porte-épée): Silberne oder goldene Degenquaste der Offiziere, der Portepee-Unteroffiziere und höherer Beamter. Der Fähnrich ist in Preußen seit 1807 ein Unteroffizier, der gleich nach dem Feldwebel rangiert und das silberne Portepee trägt; daher auch **Portepeefähnrich**. Diese Fähnriche waren Aspiranten auf eine Offiziersstelle.

Premierleutnant: s. Sekondeleutnant.

Pretension (eigtl.: Prätension): Anmaßung, Anspruch.

Promemoria: (lat.: zur Erinnerung) Schriftliche Anbringung.

Protektor: Beschützer, Gönner, Förderer.

reussieren (heute: reüssieren): Erfolg haben.

Ritter: Bezeichnet hier den Inhaber eines hohen Ordens.

Roter-Adler-Orden: Preußischer Orden 1792–1918. Er wurde in vier Klassen verliehen.

Sekondeleutnant (auch Sousleutnant): Bei jeder Kompanie bzw. Eskadron standen ein Premier- und mehrere Sekondeleutnants.

Spandau: Stadt vor den Toren Berlins; sicherte im 19. Jahrhundert die Hauptstadt mit detachierten Forts. Die dort gelegene Zitadelle wurde 1560–1594 nach italienischem Vorbild erbaut. Spandau ist heute ein Berliner Bezirk.

Subordination: Unterordnung, Dienstgehorsam.

Train: Troß, Fuhrwesen der Heere, mit Fuhrpark und Trainsoldaten.

Zirkular: Rundschreiben, Umlaufschreiben.

Zötus: Schülerschaft, Jahrgang.

Namenregister.

Quellenangaben für die Abbildungen.

Tafeln I und J: Militärgeschichtliches Forschungsamt Potsdam; Tafel L: Elke Bannicke; Tafeln N, O, P und Schutzumschlag: Stiftung »Neue Synagoge Berlin - Centrum Judaicum« (Foto Billeb); alle weiteren: Antiquariat Hennwack.

Wir bedanken uns bei Renate Stang und Dr. Frank Nägler vom Militärgeschichtlichen Forschungsamt Potsdam, bei Margit Billeb vom Centrum Judaicum, Arcady Fried von der Bibliothek der Berliner Jüdischen Gemeinde, bei Lothar Tewes vom Berliner Münzenhaus, Dr. Monika Nakath vom Brandenburgischen Landeshauptarchiv Potsdam und Dr. Iselin Gundermann vom Geheimen Staatsarchiv Preußischer Kulturbesitz Berlin.

Jacob Teitel

Aus meiner Lebensarbeit

Erinnerungen eines jüdischen Richters im alten Rußland

Mit einem Vorwort von Simon Dubnow und einer Charakteristik von Maxim Gorki Frankfurt am Main 1929

Neu herausgegeben von Elena Solominski und Ludger Heid und einem Nachwort von Elena Solominski

Jacob Lvovitsch Teitel (1850–1939) wurde in Tschornyi Ostrow in der Ukraine geboren. Nach einem Jurastudium an der Moskauer Universität war er 27 Jahre als Untersuchungsrichter im russischen Justizdienst tätig. Er war der einzige ungetaufte Jude in Rußland, der ein Richteramt bekleidete. Darüber hinaus organisierte er zahlreiche Hilfskomitees für notleidende russische Juden, darunter auch für Pogromopfer, ermöglichte Ausbildungen für jüdische Jugendliche, kümmerte sich um Beschaffung von Aufenthaltserlaubnissen für die Mitglieder einer jüdischen Landwirtschaftskolonie. Er bemühte sich ferner um die Ansiedlung von Juden außerhalb Rußlands; deshalb fuhr er nach Lissabon und verhandelte mit der portugiesischen Regierung über die Möglichkeit der Einwanderung von Juden in die portugiesische Kolonie Angola. Teitel erlebte selbst Pogrome in Rußland und in der Ukraine. Sein Lebenswerk als jüdischer Philanthrop, sein Kampf gegen Antisemitismus und für die Verbesserung der Lage der Juden in Rußland bzw. Osteuropa hat er in seinen Erinnerungen beschrieben, die zunächst unter dem Titel »Aus meinem Leben in vierzig Jahren« 1925 in Paris auf Russisch erschienen. Im Jahre 1929 folgte die deutsche Ausgabe.

Der große Historiograph des jüdischen Volkes, Simon Dubnow, charakterisierte Teitel folgendermaßen: »Die Wellen des Menschenhasses, die die Welt überschwemmten, löschten in ihm nicht die Flamme der Liebe zu den Menschen, zu den Leidenden, ohne Unterschied der Abstammung und der Partei, aus.«

Teitels Haus war stets Anziehungspunkt für Intellektuelle. Scholem Aleijchem, Schalom Asch, Maxim Gorki, Jizchak Leib Perez oder Arnold Zweig verkehrten hier ebenso wie die Zionisten Nahum Sokolov, Dmitrij Margolin, Israel Zangwill, Vladimir Jabotinskiy und Chaim Weizmann. Auch viele Persönlichkeiten, wie z. B. Paul Nathan, Bernhard Kahn, James Simon, Rabbiner Leo Baeck oder Alfred Klee, pflegten mit Teitel rege freundschaftliche Beziehungen.

In den Jahren 1920–1933 lebte Teitel in Berlin, wo er als Vorsitzender des »Verbandes russischer Juden in Deutschland« tätig war. In Berlin gründete er den Weltverein »Kinder-Freunde«, in dem er Kinder verschiedener sozialer Gruppen zusammenbrachte. Sein besonderes Augenmerk richtete er auf Kinder aus unbemittelten Familien sowie Kinder von Pogromopfern. Für viele europäische Juden war er ein Mensch mit einem großen Herzen, ein unermüdlicher Schöpfer des Guten, der denen Hilfe gewährte, die dies erwarteten. Seinen Kampf für die Rechte der Juden im Exil führte er bis zum Jahre 1938: Als Vertreter der russischen Juden in Berlin nahm er an der internationalen Flüchtlingskonferenz in Evian am Genfer See teil. Sein Lebenswerk führten russische Emigranten in Frankreich und den USA unter dem Namen »Jacob-Teitel-Komitee für Hilfe der russischen Juden in Westeuropa« weiter.

Jüdische Memoiren Band 2
Herausgegeben von Hermann Simon

Jüdische Memoiren

In einer Zeit, in der sich die Geschichtswissenschaft aus postmodernen Selbstzweifeln neu zu definieren sucht, in der gefragt wird, ob das Schreiben der Geschichte tatsächlich von den vorhandenen oder zu entdeckenden Quellen geleitet ist oder nur von der Wahl des literarischen Genres, in der selbst sehr ernstzunehmende Historiker die Anfrage erlauben müssen, ob sie nicht im Grunde Schriftsteller seien, die fiktionale Texte hervorbringen, statt Wissenschaftler, die (historische) Wahrheiten zutage fördern – in dieser Zeit der allgemeinen Beliebigkeit kann eine neue Biographienreihe in einem neuen Verlag eine willkommene Chance bedeuten.

Ohne die vielerorts herrschende Jubiläums-, Gedenk- und Ausstellungs(un)kultur zu bedienen, will die Reihe »Jüdische Memoiren« selbsterzähltes Leben der Aufmerksamkeit eines interessierten Lesepublikums anbieten. Wir gehen davon aus, daß entgegen all der computergestützten Schwarzmalerei auch in den nächsten Jahren und im nächsten Jahrhundert noch eifrig und auf herkömmliche Weise gelesen wird.

Dem hier vorliegenden Band der Lebenserinnerungen des »Judenmajors« Meno Burg werden die Memoiren des wohl einzigartigen Richters Jacob Teitel folgen, der als Jude fast vier Jahrzehnte der Gerichtsbarkeit des zaristischen Rußlands gedient hat. Daran anschließen werden sich weitere Selbstzeugnisse jüdischer Autoren.

Verlag Hentrich & Hentrich, Ganzer Straße 8, 16866 Teetz